Continuación de *Cajas de cartón*

Más allá —de mí

Francisco Jiménez

G RAPHIA

Houghton Mifflin Harcourt
Boston New York 2009

A mi familia y la comunidad de mi alma máter,
Santa Clara University

Copyright © 2009 by Francisco Jiménez

Graphia and the Graphia logo are registered trademarks of
Houghton Mifflin Harcourt Publishing Company.

www.hmhbooks.com

The text of this book is set in Goudy.

Photos are from the author's private collection

Library of Congress Cataloging-in-Publication Data is on file.

ISBN 978-0-547-25031-1

Manufactured in the United States of America
DOC 10 9 8 7 6 5 4
4500358454

Reconocimientos

Quisiera agradecer a mi mamá, Joaquina; a mis hermanos, Roberto, José Francisco, Juan Manuel y Rubén; a mi hermana Avelina; a mi cuñada Darlene; a mi esposa Laura; y a mis amigos Smokey Murphy y Emily Bernabé por brindarme sus propios recuerdos del período sobre el cual escribo en este libro. Agradezco especialmente a mi familia inmediata: Laura, Francisco "Pancho", Lori, Carlo, Darío, Camilla, Miguel, Susanna, Tomás y Nova, por escuchar pacientemente la lectura de los borradores y ofrecerme sus útiles comentarios.

Quiero agradecer a toda la comunidad de mi infancia por constituir una fuente constante de inspiración tanto en mis escritos como en mi vida personal y profesional.

Guardo una permanente gratitud hacia mis maestros, cuyas orientaciones y confianza en mi capacidad me ayudaron a vencer muchos obstáculos. Les agradezco por haberme tendido su mano solidaria y por responder a mis peticiones de ayuda en el curso de mi jornada educativa. Ellos me inspiraron para ayudar a otros alumnos, especialmente a estudiantes que son los primeros en sus familias inmigrantes en asistir a la universidad.

Gracias a mis colegas y amigos, particularmente al padre Paul Locatelli, sacerdote jesuita, Don Dodson, Alma García y Susan Erickson, por animarme a continuar escribiendo.

Un agradecimiento especial a Ann Rider, mi maravillosa editora, por sus valiosas sugerencias para mejorar el texto y por su gentil insistencia en que yo escribiera con el corazón.

Índice

Viaje a la universidad

El día que yo había esperado tanto llegó por fin. Era el domingo 9 de septiembre de 1962. Me sentía emocionado y nervioso mientras me alistaba para salir con rumbo norte en dirección a Santa Clara. Había trabajado duro para lograr este viaje a la universidad, aunque durante muchos años había parecido una cosa muy improbable.

Lo que no anticipé, sin embargo, fue lo difícil que resultaría abandonar a mi familia, y especialmente a mi hermano mayor, Roberto.

Roberto y yo habíamos sido inseparables desde que éramos niños viviendo en El Rancho Blanco, un ranchito incrustado en los secos y estériles cerros al norte del estado de Jalisco, México. Lo llamaba "Toto" porque cuando yo estaba aprendiendo a hablar no podía pronunciar su nombre, Roberto. En México, él me llevaba a misa los domingos. En las noches él y yo nos agrupábamos con nuestros papás alrededor de un fuego hecho con estiércol seco de vaca en medio de nuestra choza de adobe para oír los cuentos de espantos que contaba mi tío Mauricio. Yo lo acompañaba todos los días cuando íbamos a ordeñar nuestras cinco vacas antes del amanecer y lo ayudaba a acarrear agua a la casa desde el río. Yo lloraba siempre que perdía de vista a Toto. Cuando me portaba mal, mis papás me castigaban separándome de él.

Con la esperanza de iniciar una vida nueva y mejor, dejando atrás nuestra pobreza, mi familia emigró ilegalmente de México a California a finales de la década de 1940 y empezó a trabajar en el campo. Desde que cumplí los seis años, Toto y yo trabajamos juntos acompañando a nuestros papás. Él me cantaba canciones mexicanas, como "Cielito lindo" y "Dos arbolitos", mientras pizcábamos algodón a comienzos del otoño y en invierno en Corcoran. Después de haber sido deportados en 1957 por *la migra* y luego regresado legalmente, Roberto se encargó de cuidarme como un papá cuando él y yo estuvimos viviendo solos durante seis meses en el Rancho Bonetti, un campamento de trabajadores migrantes. En aquel tiempo él estudiaba el segundo año de la secundaria y yo cursaba el octavo grado de la escuela elemental. El resto de la familia se quedó en Guadalajara y se reunió con nosotros más tarde. Durante ese tiempo, yo le ayudaba en su trabajo de conserje en la Main Street School de Santa Maria al salir de la escuela, y durante los fines de semana trabajábamos juntos pizcando zanahorias y desahijando lechuga. Después de graduarse de la secundaria, Roberto se casó y siguió trabajando como conserje para el Distrito Escolar de Santa Maria durante los días de semana. Y aunque se marchó de nuestra casa en el Rancho Bonetti para vivir aparte y formar una nueva familia, nosotros nos veíamos con frecuencia. Los fines de semana trabajábamos juntos para la Santa Maria Window Cleaners, una empresa comercial que ofrecía servicios de conserjería.

Roberto y su esposa, Darlene, nos visitaron temprano aquella mañana de domingo, junto con su tierna hija Jackie, para despedirse. Darlene, que se parecía mucho a Elizabeth Taylor, le daba a él palmaditas en la espalda, tratando de consolarlo, mientras Roberto y yo nos abrazábamos.

—Él regresará para el día de Acción de Gracias —dijo ella. Separarme de mi hermano resultaba para mí tan doloroso como arrancarse una uña de un dedo.

Mi papá se encontraba en uno de sus habituales momentos de mal humor y estaba impaciente por que nos marcháramos.

—Vámonos, pues —dijo fastidiado.

Desde que se lastimó la espalda trabajando agachado en las faenas agrícolas y no pudo volver a trabajar en el campo, su temperamento había empeorado progresivamente. Apoyándose en los anchos hombros de Roberto, se deslizó cuidadosamente sobre el asiento del pasajero de nuestro viejo y destartalado DeSoto. Su cara estaba pálida y demacrada, y sus ojos estaban enrojecidos por la falta de sueño. Estaba intranquilo porque yo me iba de la casa. Él quería que nuestra familia se mantuviera siempre unida.

Cerramos con llave la puerta principal de la barraca militar que nos alquilaba el señor Bonetti. Me monté en el asiento del conductor y cerré la puerta con fuerza, y rápidamente la amarré con una soga para mantenerla cerrada. Bajé la resquebrajada ventana para poder sacar la mano y hacer señales mientras nos alejábamos del Rancho Bonetti. Mi papá se estremecía cada vez que el coche pasaba sobre los baches del camino de tierra. Trampita, mi hermano menor, iba sentado entre mi papá y yo. Le pusimos a José Francisco el nombre de "Trampita" porque cuando nació, mis papás lo vistieron con ropa de bebé que encontraron en el basurero municipal. Mis otros hermanos menores, Torito, Rubén y mi hermanita Rorra, iban sentados en el asiento trasero junto a mi mamá. A ellos les emocionaba el viaje pero se mantenían quietos porque mi papá no toleraba el ruido, especialmente cuando estaba de mal humor.

Yo viré a la derecha en dirección a East Main y me dirigí hacia el oeste por un camino de doble vía que iba a Santa Maria, para tomar la autopista 101 Norte hacia Santa Clara. El sol se asomaba sobre las montañas detrás de nosotros, proyectando una sombra delante de nuestro DeSoto. A ambos lados del estrecho camino se extendían centenares de acres cultivados de fresas, en los cuales mi familia y yo habíamos trabajado hace años de sol a sol durante la época de la cosecha. Mientras nos acercábamos al puente Santa Maria, recordé el dolor que sentía cada vez que cruzábamos este puente en nuestro rumbo hacia el norte para dirigirnos a Fresno a pizcar uvas y algodón cada septiembre durante ocho años seguidos. Durante ese período yo perdía siempre las primeras diez semanas de clase todos los años porque andaba trabajando en los campos con mi familia.

Mirando de reojo, yo observé a mi papá cerrar los ojos.

—¿Quieres que maneje yo, Panchito? —me susurró Trampita—. Te veo muy cansado—mi familia me llamaba "Panchito", el apodo de Francisco, que era mi nombre de pila.

—No, gracias. Tú también necesitas descansar, pues te tocará conducir al regreso.

Trampita tenía que hacerse cargo de mi trabajo de conserjería y trabajar treinta y cinco horas a la semana, como yo lo había hecho, para ayudar a mantener a nuestra familia sin dejar de ir a la escuela. Sin él yo no hubiera podido estar haciendo ese viaje.

A través del espejo retrovisor pude ver a mi mamá dormitando con sus brazos alrededor de Rorra y de Rubén, que estaban inquietos. Torito miraba por la ventana, tarareando algo en voz baja.

Al menor de mis hermanos, Rubén, lo llamábamos "Carne Seca" porque siendo niño era tan delgado como una tira de carne reseca. Él se sentaba en el regazo de mi papá cuando viajábamos de un lugar a otro siguiendo las cosechas. Mi papá lo consentía porque, según mi mamá, Rubén se parecía a papá.

Rorra, mi hermanita menor, cuyo nombre de pila era Avelina, andaba siempre detrás de mí cuando yo estaba en la casa. A ella le gustaba que jugaran con ella y siempre que los dos nos dábamos bromas ella me recordaba la vez en que, cuando tenía cuatro años, tomó dos de mis centavos favoritos de mi colección de monedas y compró con ellos chicle en una máquina vendedora. "Estoy pegada a ti", me decía ella riéndose. La llamábamos Rorra porque parecía una muñeca. Todos la consentíamos.

Yo sentía un dolor en el pecho al pensar que dejaría de seguirlos viendo todos los días.

Durante el viaje atravesamos varios pueblos costeros que nos resultaban familiares: Nipomo, Arroyo Grande, Pismo Beach. A medida que nos acercábamos a San Luis Obispo, yo recordaba haber visitado el Politécnico de California durante mi tercer año en la secundaria. Ahora me dirigía a la Universidad de Santa Clara y lo único que sabía acerca de la universidad era que ésta sería mucho más difícil que la secundaria. Yo sabía eso porque la señora Taylor, mi maestra de estudios sociales en mi primer año, de seguido le decía a nuestra clase:
—¿Les parece que el trabajo que les doy es muy difícil? ¡Ya verán cuando lleguen a la universidad!

Nuestro DeSoto se esforzaba por subir la cuesta de San Luis Obispo. Había una fila de coches detrás de mí.

—Muévete a la derecha y deja que los coches te pasen —me dijo mi papá, despertando de su siesta.

—Ya veo por qué no obtuviste buenas calificaciones en la clase de manejo —dijo Trampita riéndose. Le di a Trampita un ligero codazo en el hombro y me ubiqué en el carril derecho. El conductor que iba tras de mí me dirigió una mala mirada cuando nos pasó. Yo mantuve la vista clavada hacia el frente, evitando todo contacto visual con los otros conductores.

—Espero que no me den una multa por manejar tan despacio —dije.

—Como a tu papá —dijo mi mamá, palmeando ligeramente

a mi papá en la parte trasera de la cabeza. A mi papá eso no le pareció divertido. Él había sido detenido por la patrulla de carreteras un par de veces cuando íbamos camino a Fresno por manejar muy despacio nuestra vieja carcachita. No le dieron una multa ninguna de las dos veces porque nosotros le dimos al oficial la excusa de que nuestro colchón, que iba encima del techo del coche, podría salir volando si él manejara muy rápido, aun cuando éste iba atado con sogas a los parachoques frontal y trasero.

El calor aumentaba a medida que continuábamos hacia el norte, dejando atrás Atascadero y Paso Robles.

Rorra dijo que tenía hambre.

—Yo también tengo hambre —dijo Rubén, secundándola.

—Nos detendremos en King City —dijo mi mamá, cuando pasábamos por el letrero que anunciaba el desvío.

—No, mejor espérense hasta que lleguemos a Santa Clara —dijo mi papá con firmeza—. ¡Aguántense! —se produjo un silencio mortal. Media hora más tarde, Rubén y Rorra declararon otra vez que tenían hambre.

—Mi estómago está haciendo ruidos extraños —dijo Rorra tímidamente.

—¿Y qué es lo que dice? —preguntó mi papá, riéndose.

—Quiere comida —respondió ella.

—El mío también —añadió Rubén.

—¿Qué tal si nos detenemos en Soledad? —sugirió mi mamá, viendo que el humor de mi papá había mejorado.

—No, eso nos va a traer mala suerte —objetó inmediatamente mi papá. Yo comprendí la objeción de mi papá. La palabra *Soledad* tenía para él una connotación negativa. Yo no estaba de acuerdo con él, pero no lo contradije. Sabía que no era conveniente hacerlo—. En cuanto veas un espacio libre, estaciónate —dijo mi papá, encendiendo un cigarrillo.

Nos acercamos a una larga fila de árboles de eucalipto ubicados a la orilla izquierda de la carretera, justo en las afueras de King City. Bajé la velocidad y giré hacia la izquierda entrando en un estrecho camino de tierra y continué avanzando por un cuarto de milla, seguido por una nube de polvo, y estacioné el coche al lado del camino.

—Gracias por traernos al desierto —dijo Trampita, bromeando—. Estoy seguro de que nuestros taquitos sabrán mejor con un poco de polvo encima.

—Qué chistoso —dijo mi mamá, riéndose. Mi papá me miró y se sonrió.

—Esto no es polvo, Trampita, es salsa pulverizada.

—Ya pues, comamos —dijo mi mamá. Ella sacó de la cajuela del coche una cobija del ejército y una bolsa café grande, de provisiones, que le entregó a Torito. Extendió la cobija en el suelo para que nos sentáramos. Trampita y yo le ayudamos a nuestro papá a sentarse con su espalda apoyada contra la llanta derecha delantera—. Hice estos taquitos de chorizo con huevos esta mañana —dijo mi mamá orgullosamente, mientras los repartía. Rubén y Rorra engulleron rápidamente sus tacos y pidieron otro.

—Que los mantenga el gobierno —dijo mi papá.

—Creo que el gobierno tampoco podría mantenerlos —dijo

mi mamá, acariciando ligeramente el pelo de Rorra y riéndose—. Será mejor que te comas otro par de tacos, Panchito —me dijo mi mamá juguetonamente—, tú no tendrás de éstos en la universidad—yo no me había preguntado cómo sería la comida en la universidad hasta que mi mamá lo mencionó. Recordé que Roberto le había pedido a ella que no nos hiciera tacos para llevar a la escuela porque los muchachos se burlaban de nosotros. Así que en cambio nos hacía sándwiches, pero siempre ponía un chile con el sándwich para darle sabor.

Nosotros continuamos el viaje pasando el Valle Salinas, el cual se veía como un enorme tapiz muy vistoso. Éste se encontraba rodeado por cordilleras hacia el oeste y estaba cortado en el medio por una cinta negra representada por el camino, el cual se extendía hasta donde alcanzaba la vista. A lo largo de la carretera había acres y acres de lechuga, coliflor, apio, fresas y flores amarillas, rojas, blancas y púrpuras.

—Esto parece un paraíso, un cielo verde —dijo mi mamá impresionada.

—Sí, pero no para la gente que trabaja en los campos —replicó mi papá.

Yo estaba de acuerdo con él. Cada tantas millas yo veía una fila de camionetas y viejos coches polvorosos estacionados a la orilla de los campos, y grupos de trabajadores encorvados recogiendo las cosechas o cortando con el azadón las malas hierbas. Nuestra propia familia había hecho ese mismo tipo de trabajo año tras año durante los primeros nueve años que estuvimos en California.

Mientras entrábamos a la ciudad, recordé que ése era el lugar de nacimiento de John Steinbeck. La señorita Bell, mi maestra de inglés en mi segundo año de la secundaria, me había pedido que leyera *The Grapes of Wrath* (Las uvas de la ira) después que ella leyó un ensayo que yo había escrito sobre Trampita. La novela era difícil de leer porque yo todavía estaba luchando con el idioma inglés, pero no podía desprenderme de ella. Yo me identificaba completamente con la familia Joad. Sus experiencias eran como las de mi propia familia, tanto como las de los otros trabajadores migrantes. La historia de ellos me conmovía y por primera vez había yo leído una novela con la cual pude sentirme de algún modo relacionado.

—Vas muy rápido; baja la velocidad, Panchito —exclamó mi papá, presionando su pie derecho contra el piso del coche.

Yo iba tan absorto en mis pensamientos que no había notado que estaba acelerando. Pasamos a través de Gilroy y Morgan Hill y entramos a San José. Era una ciudad grande y cosmopolita en comparación con Santa Maria, la cual tenía tan sólo 28.000 habitantes. Mi corazón empezó a latir más rápido mientras manejaba hacia el norte siguiendo La Alameda.

—Creo que nos estamos acercando —dije—. Pienso que La Alameda se convierte en El Camino Real, pero no estoy seguro.

—¿Cómo que no estás seguro? —me preguntó mi papá, un poco molesto—. ¿Cuál es la dirección?

—No lo sé —me disculpé confuso—. Lo que sí sé es que está en El Camino Real en Santa Clara —me detuve en una gasolinera de Texaco y Trampita salió del coche para preguntar la dirección. Mi papá estaba enojado. Se mordía el labio inferior y hurgaba la bolsa de su camisa buscando un cigarrillo.

—Vamos bien —dijo Trampita, mientras se deslizaba en el asiento delantero junto a mi papá—. Sigue derecho por La Alameda por una milla más, hasta donde se convierte en El Camino Real. El Camino Real pasa por el medio de la universidad.

Yo suspiré aliviado. Me alejé de la gasolinera manejando el coche y mantuve el rumbo sobre La Alameda, que estaba flanqueada por abetos y sicomoros y por grandes casas de estilo colonial español.

—Mira, Panchito —dijo mi mamá—. Esas casas se parecen a las de la parte más rica de Guadalajara. Son muy lindas.

Yo la miré por el espejo retrovisor. Tenía en sus ojos una mirada triste. Mi mamá quiso siempre que tuviéramos una casa propia, pero en cualquier parte que viviéramos, ya fuese un viejo garaje, una carpa o una barraca del ejército, ella lo convertía de algún modo en nuestro hogar. Lo adornaba con objetos decorativos mexicanos, como pajaritos o perritos de cerámica, y ponía flores silvestres en un florero sobre cualquier caja o cajón que nos sirviera en ese entonces de mesa. "Nuestra casa", decía ella con orgullo.

Llegamos a la universidad y entramos por el portón principal, el cual estaba flanqueado por altas palmeras. Frente a nosotros se encontraba una cruz grande de madera, de aproximadamente veinte pies de alto, en el centro de una glorieta y unas cuantas yardas más atrás estaba la Iglesia de la Misión.

—Se parece a una de las iglesias de México —dijo mi mamá—. ¡Qué hermosa!

Su fachada de estilo español tenía talladas estatuas de madera de santos a ambos lados y dos grandes puertas de madera castaño oscuro en la entrada central, con otras dos más pequeñas, ubicadas una a cada lado. Hacia la izquierda había un campanario. Mientras conducía el coche alrededor de la glorieta nuestro DeSoto petardeó, expeliendo una nube de humo negro detrás. Me estacioné rápidamente frente a un edificio llamado Dalia Walsh Hall. Nuevos carros con enormes y afiladas aletas traseras y brillantes parachoques de cromo seguían entrando por el portón. Rorra y Rubén presionaron sus narices contra la ventana tratando de verlos. Trampita se deslizó más abajo en el asiento. Mientras veía salir de los coches a los pasajeros, yo me sentía tenso. Todos ellos iban bien vestidos. Muchos de los hombres llevaban trajes y las mujeres llevaban vestidos vistosos o faldas y blusas. La mayoría de los muchachos de mi edad parecían ser más altos que yo y llevaban el cabello cortado a cepillo; algunos llevaban chaquetas. Miré mis botas negras puntiagudas y luego eché un vistazo a mi larga melena a través del espejo retrovisor. En el reflejo, pude ver a mi mamá alisando nerviosamente con sus manos el frente de su desteñido vestido amarillo. Le dirigí una mirada a mi papá. Vi que se mordía el labio inferior y tenía apretadas fuertemente las manos.

—¿No vamos a salir? —preguntó Torito, bajando la ventana.

—Todavía no —dije yo, hurgando debajo del asiento y sacando las instrucciones que me había enviado la universidad.

Yo trataba de ganar tiempo, esperando que se alejara la familia estacionada junto a nosotros—. Estaré en la residencia Kenna Hall —dije—. De acuerdo a este mapa, Kenna está al otro lado, detrás de Walsh —desaté la soga que mantenía cerrada la puerta del conductor, salí y me dirigí a ayudar a mi papá.

—Yo no voy a salir, Panchito —dijo él decididamente, encendiendo un cigarrillo.

—Yo tampoco —dijo mi mamá en tono de disculpa—. Me quedaré con Rorra y tu papá mientras tú y los muchachos descargan tus cosas.

Yo no discutí con ellos pues sabía cómo se sentían. Mientras mi familia esperaba en el coche, me puse a buscar Kenna Hall para inscribirme. Seguí a otros estudiantes y sus familias que parecían estar encaminados en la dirección correcta. Unos cuantos de ellos parecían estar tan perdidos y confusos como yo. Detecté una pequeña fila de gente que esperaba junto a la entrada de una vieja residencia gris de tres pisos, que resultó ser Kenna Hall. La fila avanzaba rápidamente. Cuando llegó mi turno de inscribirme, el encargado, que estaba sentado tras una pequeña mesa, se sonrió y me preguntó cortésmente:

—¿Cómo te llamas?

—Frank Jiménez —le dije. En casa a mí me gustaba que me llamaran Panchito. Pero mi maestra de primer grado me llamaba "Frank" porque decía que era más fácil de pronunciar. El nombre "Frank" se quedó conmigo por lo tanto a lo largo de toda la escuela primaria. En *junior high school* y en la secundaria me llamaban "Frankie", lo cual yo prefería más que

"Frank", porque me parecía que era una traducción más exacta de "Panchito".

—Tú no estás en nuestra lista —dijo él, recorriendo con su dedo índice una larga lista de nombres que empezaban con la letra "H".

—Tiene que estar en la "J" —dije yo, deletreándole el nombre. Él me dirigió una mirada desconcertada mientras marcaba mi nombre con su lápiz rojo.

—Hay que hacer un depósito de cinco dólares por la llave. Firma aquí, junto a tu nombre —dijo.

Yo le di un billete de cinco dólares y firmé. Examinó la firma, asintió con la cabeza y me entregó la llave dentro de un pequeño sobre blanco. Me apresuré a regresar al coche, abriéndome paso a codazos entre la muchedumbre y manteniendo la cabeza agachada, sin mirar a nadie.

Trampita y yo descargamos las pequeñas cajas de la cajuela y las colocamos en la acera frente al DeSoto. Yo lo miré y observé el bulto que se proyectaba debajo de su rayada camisa azul. Cuando era un bebé, a Trampita le había dado una hernia. Estábamos viviendo ese invierno en un campamento de trabajadores migrantes en Santa Rosa. Nuestros papás trabajaban de noche en una fábrica de conservas de manzanas y dejaban a Roberto cuidándonos a mí y a Trampita mientras estaban en el trabajo. Una fría noche, después que Roberto y yo nos habíamos dormido, Trampita se cayó rodando del colchón que estaba sobre el piso de tierra y se salió de la carpa, y lloró tanto que se le reventó el ombligo.

—¿Por qué no puedo ir con ellos? —protestó Rorra.

—Yo quiero ir con ellos también —refunfuñó Rubén.

—¡Ya, pues! —dijo mi papá, impaciente—. Ustedes se quedan quietos. ¿Entienden?

Mi hermana pataleó, se volteó de espaldas a mi papá e hizo una mueca. Ajustándose la sucia cachucha, mi papá dijo:

—Torito, llévate a Rubén contigo y ayúdenle a Panchito y a Trampita con las cajas.

—Yo cuidaré bien a Rubén —dijo Torito orgulloso.

—Es mejor que te portes bien, mijo —dijo mi mamá gentilmente, aconsejando a Rubén mientras éste salía del coche saltando. Trampita, Torito y yo nos dirigimos a Kenna Hall, llevando cada uno una caja. Rubén avanzaba brincando para mantener el paso con nosotros.

Subimos una estrecha escalera hacia el segundo piso de Kenna, siguiendo a otros estudiantes que llevaban maletas, equipos de sonido estereofónicos y cajas. Ellos subían abriéndose paso entre otros que venían bajando las escaleras con las manos vacías, mientras se dirigían a buscar el resto de sus pertenencias. El corredor mal alumbrado con el piso de vinilo castaño oscuro parecía un largo túnel. Fuertes sonidos de golpes se oían en el corredor mientras los estudiantes cerraban sus cuartos dando portazos. Después de avanzar una cuarta parte de la extensión que tenía el corredor logramos encontrar mi cuarto, que era el 218. Apoyé la caja sobre mi rodilla y la sostuve con la mano izquierda mientras abría la puerta. Un rayo de luz procedente de la ventana del cuarto se proyectó en el corredor. Trampita y Torito, que iban jadeando y resoplando, dejaron caer las cajas en una cama vacía. Yo coloqué mi caja en la otra. El cuarto rectangular tenía a ambos lados idénticos muebles desgastados: un alto y estrecho ropero ubicado junto a la entrada, una cama doble de resortes con un colchón rayado en azul y blanco y un escritorio de madera castaño claro con su silla correspondiente y una lámpara ajustable de escritorio.

—Esto se parece a las cabañas de una sola pieza en las que vivíamos cuando pizcábamos algodón en Corcoran —dijo Trampita—. Sólo que más pequeño —al notar que la tristeza me iba invadiendo progresivamente, él añadió rápidamente:

—¡Pero al menos aquí no hay agujeros en las paredes!

—Vámonos ya; nuestros papás nos están esperando —dije, empujándolos ligeramente para sacarlos del cuarto. Nos dirigimos de nuevo al coche.

—Ya era tiempo —dijo mi papá, irritado—. ¿Por qué se tardaron tanto?

—Lo siento —respondí—. El lugar estaba muy congestionado —abracé a Torito y Trampita y me despedí de ellos. Abrí la puerta trasera del coche y besé a Rorra y a mi mamá.

—Que Dios te bendiga, mijo —dijo mi mamá, al despedirse de mí. Sentí que se me atragantaba la garganta mientras procuraba retener las lágrimas. Mi papá apagó su cigarrillo y me palmeó en la espalda. Buscó en su cartera, sacó una estampa con una desteñida imagen de la Virgen de Guadalupe y me la entregó.

—Cuídate, mijo —dijo. Su labio inferior se estremeció—. Recuerda... sé respetuoso. Si respetas a la gente, te respetarán a ti también.

—Sí, papá —le dije, besando levemente sus manos callosas y llenas de cicatrices. Trampita se deslizó en el asiento del conductor, ató la puerta, encendió el motor y lentamente retrocedió para salir del estacionamiento y luego empezó a alejarse. El coche petardeó, dejando una estela de humo gris por detrás. Yo me quedé solo de pie sobre la acera y me despedí con la mano, siguiendo con la vista al DeSoto hasta que dobló a la derecha hacia El Camino Real y desapareció.

La mudanza

Cuando regresé a mi cuarto, cerré la puerta y la cerré con llave. La imagen de mi familia alejándose en el auto volvía a mi mente una y otra vez. Me senté en la cama contemplando la pared vacía y combatiendo las ganas de llorar. *Tengo que ser fuerte*, me decía en mi interior. *Ésta es la oportunidad por la cual he luchado tan duro.* Cuando mi papá se lastimó la espalda y no pudo volver a trabajar, mi familia dejó de mudarse siguiendo las cosechas de acuerdo a las estaciones. Para ayudar a mantener a nuestra familia, Roberto y yo conseguimos empleos de conserjería, trabajando ambos treinta y cinco horas a la semana, sin dejar de ir a la escuela. Mi hermano trabajaba para el Distrito Escolar de Santa Maria y yo estaba empleado con la empresa Santa Maria Window Cleaners, limpiando oficinas comerciales. Durante toda la secundaria, yo trabajé por las mañanas antes de entrar a clases, por las noches y los fines de semana, barriendo y desempolvando oficinas, limpiando ventanas e inodoros, y lavando y encerando pisos. Y aunque mi papá me enseñó que todo trabajo era noble, yo no quería pizcar cosechas ni trabajar como conserje toda mi vida. Yo estudiaba todas las noches, después del trabajo, siete días a la semana. Mis esfuerzos rindieron su fruto. Mi rendimiento académico me permitió obtener la beca de la California Scholarship Federation, lo cual a su vez me permitió beneficiarme de otras becas y de un préstamo del gobierno federal por mil dólares para pagar mi primer año en la universidad. Con la ayuda del señor Penney, mi consejero en la secundaria, fui admitido en la Universidad de Santa Clara.

Bajé de la cama las tres cajas y las puse en el suelo, cerca del ropero. Una ola de tristeza me envolvió cuando empecé a desempacar las ropas nuevas que mi mamá me había comprado como un regalo sorpresa para la universidad: dos pares de pantalones, uno negro y otro azul marino; un par de camisas manga corta; tres pares de calzoncillos blancos. Ella ahorró parte del dinero que le daban para comestibles cada semana, con el fin de comprarme esas prendas, incluyendo mis botas puntiagudas, en una promoción de regreso al colegio en J.C. Penney. Me sonreí al recordar que Trampita me había dicho bromeando que con ellas podría matar cucarachas en los rincones. Pegué con cinta adhesiva la estampa de la Virgen de Guadalupe en la pared sobre mi escritorio y puse mi diccionario de bolsillo y un tesauro, maltratados por el uso, en la repisa de encima. Mis lápices y lapiceros los eché en la gaveta del escritorio.

Al cabo de mucho tiempo tenía finalmente un escritorio que yo podía considerar como mío. Durante toda la secundaria hice mis tareas escolares en la biblioteca pública y en la

Compañía de Gas, después de concluir mis trabajos de limpieza al terminar tarde por la noche. Estaba sentado en mi escritorio, experimentando la sensación que eso producía, cuando oí que alguien estaba abriendo la puerta con llave. Me levanté de un salto, me limpié los ojos y abrí. Ante mí se encontraba un estudiante alto, atlético y de ojos azules con un corte de cabello en cepillo. Detrás de él estaban dos mujeres.

—Hola, yo soy Smokey Murphy —dijo, mirándome con una amplia y amistosa sonrisa y estrechándome la mano.

—La gente me llama Frank, o Frankie —le dije—. Mi apellido es Jiménez.

—Supongo que somos compañeros de cuarto. Oye, quiero presentarte a mi mamá, Lois, y a mi novia, Kathy Griffith.

—Encantado de conocerlas —dije, admirando la bonita cara redonda y el cabello estilo paje de Kathy. Su mamá era pequeña y delgada y tenía una voz un tanto ronca.

—Veo que ya has marcado tu terreno —dijo Smokey, remangándose la camisa y observando las cosas que yo había llevado.

—Espero que no te moleste.

—No seas tonto, claro que no me molesta —se desplomó pesadamente en la cama, la cual estaba al lado derecho del cuarto, contra la pared—. Oye, estas camas son muy buenas —se echó a la cama y se estiró. Sus grandes pies quedaban colgando varias pulgadas fuera de la cama—. Quisiera no obstante que fueran un poquito más largas.

—Yo no tengo ese problema.

—Es cierto, me parece que no —dijo, dándose vuelta y midiéndome con la vista. Yo medía cinco pies y siete pulgadas. Ambos nos pusimos a reír.

—Kathy y yo iremos a traer tus cosas, Smokey, mientras tú descansas —dijo su mamá en un tono amistoso pero sarcástico.

Smokey saltó de la cama, la rodeó con el brazo y dijo:

—Ya, mami, no hay por qué irritarse. Subiremos nuestras cosas aquí arriba en un segundo.

—Te echaré una mano —dije, siguiéndolos hacia el corredor.

Después que subimos al cuarto las cosas de Smokey, su mamá y su novia se despidieron y se fueron en un coche. Yo estaba sorprendido de ver lo feliz y tranquilo que se veía Smokey, mientras caminábamos de regreso a nuestro cuarto. Lo primero que él hizo cuando empezó a desempacar fue poner sobre su escritorio un retrato enmarcado de Kathy.

—¿A qué universidad asiste ella? —le pregunté.

—Oh, todavía no está en la universidad. Ella es estudiante de último año en Woodland High School. Ahí es donde nos conocimos. Ella iba un año escolar detrás de mí.

—¿Dónde queda Woodland?

—Cerca de Sacramento. Ahí es donde yo crecí. ¿Cuál es tu pueblo natal?

—Santa Maria.

—Nunca lo había oído mentar.

—Es un pequeño pueblo agrícola que está a unas doscientas millas al sur de aquí.

—Woodland también es un pueblo pequeño —dijo,

desempacando una bola de fútbol y una raqueta de tenis. Sacudió la raqueta de tenis en el aire como un gran matamoscas, la arrojó dentro del ropero y tomó la pelota de fútbol—. ¿Tú practicas deportes?

—Realmente no; no soy un buen deportista —dije —. ¿Y tú?

—A mí me encantan los deportes —él manipuló el balón de fútbol para atrás y adelante entre sus manos y lo arrojó hacia arriba para luego atraparlo—. Yo jugué al fútbol, baloncesto y tenis, y corrí en la pista durante la secundaria. Voy a tratar de entrar al equipo de fútbol de aquí. ¿Cuáles son tus diversiones?

—Bailar y oír música —yo era bueno en el baile. Roberto me llamaba Resortes.

—A mí me gusta eso también —dijo, agarrándome fuera de guardia y lanzándome la pelota de fútbol. Yo traté de atraparla pero fallé y la dejé caer.

—Te dije que... —yo no tenía interés en los deportes porque nosotros en casa nunca seguimos los deportes y no tenía tiempo o tenía muy poco para participar en ellos en la escuela, porque tenía que trabajar después de salir de clases.

Vi que él tenía una máquina de escribir portátil. *Eso sí realmente podría servirme*, pensé. Yo había dejado en casa mi máquina de escribir, que estaba vieja y rota. Se la había comprado en cinco dólares a Robert Twitchell, un abogado cuyas oficinas yo limpiaba cuando era un estudiante de primer año en la escuela secundaria.

La residencia se ponía más y más ruidosa y congestionada a medida que más y más estudiantes trasladaban su equipaje a

los cuartos y establecían contacto unos con otros. Yo no estaba
acostumbrado a tanto ruido. En casa, la mayor parte del
tiempo nos manteníamos en silencio porque el ruido irritaba
a mi papá, quien sufría de frecuentes jaquecas. Yo quería estar
solo, pero Smokey insistió en que conociéramos a nuestros vecinos de los cuartos contiguos y en que hiciéramos nuevas
amistades. Así conocimos a Tony Lizza, de Neddles, California; a Jim Brodlow, de Milwaukee; a Pat Hall, de San Luis
Obispo; a Mario Farana, de San Francisco; y a Tom Maulhardt,
de Oxnard, California. La enérgica personalidad de Smokey
atraía a los estudiantes como un imán hacia nuestro cuarto.
Ellos llegaron uno por uno, presentándose a sí mismos. Al
cabo de unos cuantos minutos parecía como si ya hubiésemos
conocido a todos los estudiantes de nuestro piso y también a
algunos del tercero, que bajaban para ver a qué se debía toda
aquella conmoción. Pat Hall se abrió paso entre los otros para
llegar hasta la radio de Smokey. Cambió la estación y sintonizó
un partido de béisbol, y puso el volumen tan alto que absorbió
la atención de todos. Pero eso duró tan sólo un momento pues
inmediatamente todos se pusieron a discutir sobre cuál era el
mejor equipo de béisbol. Al igual que los teletipos, ellos recita-
ban andanadas de estadísticas sobre cada jugador y cada
equipo, y tenían opiniones bien definidas sobre cada uno.
¿Cómo pueden ellos saber tanto de béisbol? me preguntaba.

Una vez que todos nos hubimos instalado, nos reunimos
en el corredor para recibir el saludo y la bienvenida de nuestro
prefecto, Gary, y del padre Edward Warren, un sacerdote

jesuita alto y delgado que vestía una sotana negra y llevaba un cuello romano. Con las manos trenzadas y ligeramente encorvado, el padre Warren nos informó que su cuarto se encontraba en el extremo este de nuestro piso y que su puerta se mantendría abierta todos las noches desde las siete hasta las once en caso de que necesitáramos ayuda personal o espiritual.

—Soy instructor de inglés, de modo que algunos de ustedes podrían estar en mis clases —dijo sonriendo y lanzando una mirada que nos abarcaba a todos. Se disculpó por tener que irse y le cedió la palabra a Gary, quien procedió a explicarnos que su rol como prefecto era hacer cumplir el reglamento vigente en las residencias. Él expuso luego una larga lista de normas de conducta que regían en las residencias, las cuales se aplicaban a todos los estudiantes de primer ingreso.

—Es importante que siempre mantengan el orden, pero especialmente durante el período de estudio, que va de las siete hasta las once de la noche, de lunes a viernes. No quiero ver ni oír una conducta estrepitosa, ni portazos, ni radios o equipos de sonido a todo volumen. Deben apagar las luces a más tardar a las once de la noche. Los viernes y los sábados pueden quedarse afuera hasta la una de la madrugada. Yo voy a estar supervisando los cuartos periódicamente para verificar que cumplan con estas reglas —los lamentos se incrementaban a medida que el prefecto iba explicando cada una de las reglas. A mí no me molestaban aquellas normas porque mi papá era todavía más exigente. Él nos permitía a Roberto y a mí salir sólo una vez por semana y teníamos que estar en casa antes de la medianoche. A nosotros nos resultaba ventajoso salir con chicas cuyos papás fuesen también estrictos, porque así evitábamos la vergüenza de tener que regresar a casa antes que nuestras amigas.

—Si quieren irse del campus durante los fines de semana, primero tienen que firmar un formulario, que yo voy a facilitarles. Y si se van, tienen que regresar a las diez y media de la noche del domingo. Hay un teléfono en cada piso. No pueden usarlo después de las once de la noche. Asimismo, no pueden tener ningún tipo de bebidas alcohólicas en sus cuartos ni tampoco recibir visitas de mujeres, ¡nunca!

—Este reglamento de la residencia es malo para la salud —gritó alguien desde el fondo de la multitud. Se produjo un atronador aplauso y a continuación una risa generalizada.

—Bueno, muchachos, cálmense —continuó Gary—. La cena de hoy tendrá lugar en los Jardines de la Misión. El comedor habitual está ubicado en Nobili Hall; es una residencia para muchachas de primer ingreso. Regresen antes de las siete de la noche —cuando estábamos a punto de dispersarnos, el prefecto nos lanzó una regla adicional:

—No se admiten camisetas, pantalones recortados ni sandalias en ningún momento dentro del comedor.

Regresamos a nuestros cuartos, nos vestimos adecuadamente y nos dirigimos a los Jardines de la Misión para asistir a una cena especial que era patrocinada por la clase de alumnos de segundo año. Me impresionó la belleza de los jardines con sus palmeras y olivos, un árbol de glicina y centenares de rosales. En la cena nos dieron pollo con verduras y ensalada, la cual nunca comíamos en casa, porque mi papá pensaba que la ensalada era alimento para los conejos. Yo habría preferido cenar las tortillas de harina caseras que hacía mi mamá acompañadas de carne con chile. La comida era abundante y, por costumbre, yo me comí todo lo que nos sirvieron y me chocó ver cuánta comida quedaba en los platos de los estudiantes y era luego echada a la basura. En la casa nunca desperdiciábamos la comida. Durante los inviernos lluviosos en Corcoran, cuando mis papás pasaban varios días seguidos sin trabajar, nosotros teníamos que buscar comida en los recipientes de basura que estaban detrás de las tiendas de comestibles. Nosotros recogíamos frutas y verduras que estaban parcialmente dañados y que habían sido desechados. Mi mamá rebanaba las partes podridas y hacía con las partes buenas una sopa acompañada de huesos de res que compraba en la carnicería.

Esa noche Smokey y yo nos aseguramos de estar en nuestro cuarto a las siete. Unos pocos minutos más tarde, después de que nuestro prefecto se presentó para supervisarnos, nos pusimos a escuchar música de rock 'n' roll en la radio, mientras terminábamos de desempacar y de reordenar nuestro cuarto. Yo coloqué mi escritorio contra la pared izquierda, cerca de la ventana. Smokey puso el suyo contra la pared opuesta cerca de la ventana, también. Nos acostamos temprano porque queríamos estar descansados para los exámenes de ubicación en inglés y matemáticas que tomaríamos la mañana siguiente, y para la matrícula por la tarde. Mientras yacíamos en la cama, conversamos durante varios minutos.

—Noto que tienes un acento muy fuerte —dijo Smokey, echándose la sábana encima de sus anchos hombros.

—Soy mexicano. Pero nací en Colton, California —agregué rápidamente. Ésa era una respuesta automática. Cuando yo era niño, mi papá constantemente me advertía que no dijera la verdad respecto al sitio donde yo había nacido porque nosotros habíamos cruzado la frontera mexicano estadounidense ilegalmente. Yo había vivido en un constante temor de ser capturado por las autoridades de inmigración. Y aun cuando yo ahora tenía mi *green card*, me sentía mal e incómodo por no decir la verdad; el hábito de mentir sobre mi lugar de nacimiento se había arraigado dentro de mí.

—Mi papá no habla inglés, así que en casa hablamos sólo español.

—Así que tú podrías ayudarme con mis estudios de español. Yo pienso inscribirme en una clase de español para cumplir con el requisito de tomar una lengua extranjera.

—Claro, pero sólo si tú me ayudas con mi inglés.

—Desgraciadamente, yo no heredé el talento literario de mis antepasados irlandeses, pero creo que podría ayudarte —hizo una pausa y agregó—. ¿A qué se dedica tu papá? —se produjo un momento de silencio.

—Mi papá solía trabajar en el campo... pero desde que se lastimó la espalda hace unos cuantos años, no ha sido capaz de volver a trabajar —yo no quería decirle a Smokey que mi papá había caído en una profunda depresión desde la vez que trató de ser aparcero cultivando fresas y fracasó, no por su culpa. En ese tiempo yo estaba en el octavo grado y asistía a El Camino Junior High, en Santa Maria. Aun cuando mi papá sufría de problemas en la espalda, él se mantuvo en su empleo regular pizcando fresas para Ito, un aparcero japonés, mientras intentaba ocuparse a la vez de cultivar tres acres de fresas en una parcela que le había cedido el dueño de la tierra. Mi papá trabajaba para Ito desde las siete de la mañana hasta las cinco y media de la tarde, volvía a la casa, cenaba rápidamente y se dirigía a atender sus tres acres, donde trabajaba hasta que oscurecía. Al cabo de pocas semanas, las plantas se vieron infestadas con la plaga, de modo que el dueño de la tierra hizo que una empresa química las fumigara. La compañía utilizó químicos que eran demasiado fuertes, de modo que mataron las plantas. A partir de ese día, el espíritu de mi papá empezó también a morir. Y cuando no pudo ya seguir trabajando en el campo, debido a su espalda, se empeoró. "Debemos estar malditos", decía frecuentemente.

—Lo siento mucho —Smokey debió haberse percatado de mi incomodidad porque no me hizo más preguntas acerca de mi papá—. Mi papá es policía —dijo Smokey, rompiendo el silencio—. Él ha tenido un montón de empleos. Fue consultor de seguridad, pero también ranchero y agricultor hasta la época de la Depresión. Trabajó entonces como carnicero y asistente en un mortuorio hasta que se convirtió en policía. Tiene ya setenta y un años.

La franqueza de Smokey me hacía sentirme en confianza, así que le conté acerca de mi mamá, que también trabajaba en el campo y cocinaba para veinte peones agrícolas durante el tiempo que vivíamos en Tent City, un campamento para trabajadores migrantes en Santa Maria.

—¡Nosotros debemos ser sin duda los dos estudiantes más pobres de esta universidad! —dijo Smokey—. Mi mamá es secretaria y trabaja para la March of Dimes. Ella también invirtió mucho tiempo como voluntaria en un campamento de trabajadores cerca de Woodland, ayudando a las familias pobres. Algunas veces yo la acompañaba. Y mientras yo estaba en la escuela secundaria, trabajé como director de un parque recreativo durante los veranos, sirviendo a los niños del campamento de trabajadores. Yo trataba de recaudar fondos para conseguirles bates y guantes de béisbol.

—Me alegra que seamos compañeros de cuarto —le dije. A mí me simpatizaba la bondad de Smokey y su espíritu infantil—. Los dos tenemos muchas cosas en común —terminamos nuestra conversación y tratamos de conciliar el sueño. Al cabo de pocos minutos, Smokey ya se había dormido. Yo podía escuchar un débil sonido silbante que procedía de su boca.

Se me hizo difícil dormirme, pues pensaba continuamente en mi familia. ¿Era correcto que yo estuviera aquí en la universidad mientras ellos estaban luchando por sobrevivir allá en casa? Mientras más pensaba en eso, más confuso me sentía. Luego me acordé del examen de inglés. De repente, me sentí acalorado y sudoroso y mi corazón empezó a latir aceleradamente. Aparté las sábanas y me dirigí de puntillas a la ventana para tomar un poco de aire fresco. Respiré profundamente y lancé una mirada fija hacia la oscuridad.

Iniciación

Pasada la medianoche, me arrastré de regreso a la cama y me esforcé por quedarme dormido. Habían pasado, al parecer, sólo unos cuantos minutos cuando oí unos fuertes golpes en la puerta. Smokey saltó de la cama como un conejo asustado y encendió la luz. —¿Quién es? —preguntó.

—¡Abran! Es hora de levantarse, novatos perezosos.

Lancé un vistazo al reloj despertador. Eran las cuatro de la mañana. Smokey abrió la puerta lentamente, sacando la cabeza para ver quién era. Yo me levanté semidormido de la cama y me paré detrás de él. De pie frente a nosotros se encontraban dos atléticos estudiantes vestidos de blanco y de rojo. Ellos se identificaron como Mike y Jim y dijeron que eran miembros del Comité de Orientación. Mike nos entregó a cada uno de nosotros una hoja de papel con la letra de una canción. En la parte de arriba decía "Combate *Varsity* por Santa Clara".

—Ésta es la canción de combate de Santa Clara —dijo él orgullosamente—. Ustedes tienen que aprendérsela de aquí a mañana y cantarla cuando se lo pidan —miró su reloj y agregó— ¡Epa!, corrijo lo que dije, el día de mañana ya llegó. Seremos generosos con ustedes: les daremos hasta las ocho de la mañana para que se la aprendan.

—Eso me parece justo —dijo Jim.

—Ustedes tienen que estar bromeando —dijo Smokey, riéndose nerviosamente y ajustando los botones de su pijama color verde pálido.

—No, no estamos jugando y si no lo haces te arrepentirás —dijo Mike. Los dos se rieron entonces histéricamente y se fueron al siguiente cuarto, gritando "¡Vivan los Broncos". El Bronco era la mascota insignia de la universidad. Smokey y yo nos sentamos en nuestras camas y estudiamos la letra de la canción.

—No tengo tiempo para memorizar esto. ¡Ésta es una cosa ridícula!

Smokey me miró, sonrió y dijo: —Anda, no lo veas así. No es un asunto tan grave. Todo se hace por pura diversión.

—¡A mí no me parece divertido! —yo estaba furioso—. ¡Tenemos un examen mañana!

Smokey no respondió. Me dirigió una mirada perpleja y se arrastró de regreso a la cama. Yo arrugué la hoja de papel, la arrojé al cesto de la basura y me volví de nuevo a la cama.

Me desperté agotado y desorientado; no sabía dónde estaba. Tan pronto como vi la bola de papel arrugado en mi escritorio y la cama vacía de Smokey mi mente se iluminó como por un rayo: ¡el examen de inglés! Me quité la ropa interior, me envolví una toalla en la cintura, tomé una barra de jabón de mi ropero y me di prisa por el corredor para bañarme. Me calmé con el agua caliente. En casa nosotros nos bañábamos en una tina grande de aluminio que estaba ubicada en un cobertizo anexo a un costado de nuestra barraca. Calentábamos el agua en una olla. Luego la trasladábamos, la vertíamos en la tina y nos lavábamos el pelo con detergente para ropa marca Fab, porque el jabón y el champú eran demasiado suaves para cortar el aceite y el azufre que había en el agua.

Cuando regresé al cuarto, Smokey estaba sentado ante su escritorio memorizando diligentemente la canción de lucha de la Universidad y esperándome para ir a desayunar. Él se había levantado temprano y había ido a la misa en la Iglesia de la Misión. A mí me sorprendía ver lo inagotable que era su energía. Él era como un dínamo gigante. —Después que comamos, podemos ir a hacer el examen de inglés —dijo él, observándome y mirando el papel arrugado en mi escritorio. Yo sabía que él estaba decepcionado de mí, pero fingí no darme cuenta.

—Estaré listo en un segundo —dije, sintiéndome tenso debido al examen. Apenas acababa de vestirme cuando oí unos fuertes golpes en la puerta.

—Deben ser esos dos tipos que han regresado —dijo Smokey. Yo corrí al ropero y me escondí antes que él abriera la puerta. Smokey tenía razón, yo reconocí sus altas y profundas voces:

—¡Arriba los Broncos, Arriba los Broncos! Ya sabes lo que debes hacer —gritaron ellos en coro.

Smokey empezó a cantar: "Canción de combate para Santa Clara, en alto los pendones de rojo y blanco . . . No importa qué tan grande sea tu adversario . . . hombres, que tu consigna sea: vencer o morir, ¡ra, ra, ra!" En ciertos momentos desafinaba pero continuaba sin perderse ni una palabra. Recalcó el final gritando "¡Arriba los Broncos!".

Mike y Jim aplaudieron y gritaron "¡Arriba los Broncos!". El ruido disminuyó a medida que se alejaban por el corredor buscando a otras víctimas.

—Ya puedes salir, gallina —dijo Smokey. Abrí la puerta del ropero lentamente, asegurándome de que ellos se hubiesen realmente marchado.

—Gracias, Smokey.

—Me debes una, amiguito —me golpeó ligeramente en el hombro.

Nos dirigimos al comedor estudiantil en Nobili para tomar nuestro desayuno. En el camino sentí un leve mareo y un nudo en la boca del estómago. Nosotros le entregamos nuestro boleto para la comida a una señora bastante mayor y robusta, que estaba sentada en un taburete a la entrada del comedor. De una pequeña mesa tomamos cada uno una bandeja plástica, un plato y cubiertos, y avanzamos en una fila donde los despachadores sirvieron con cucharones grandes porciones de huevos revueltos, salchichas y papas en nuestros platos. Nos sentamos ante una mesa redonda de madera con unos cuantos compañeros de clase. Smokey inmediatamente entabló una conversación con ellos, pero yo me desentendí de la plática puesto que estaba preocupado por mi examen de ubicación en inglés. El inglés había sido siempre para mí la materia más difícil en la escuela, y nunca salía bien en los exámenes. Me sentía mal del estómago pero al final logré dejar limpio el plato, como era mi costumbre. Me disculpé ante los otros estudiantes y me dirigí de prisa al cuarto de baño en Kenna Hall. Me mojé la cara con agua fría y me miré en el espejo. Estaba pálido y tenía unas profundas ojeras.

Regresé a mi cuarto, me bebí un vaso de agua, me acosté en la cama y cerré los ojos por varios minutos. Luego me dirigí cruzando el campus al gimnasio Seifert para hacer el examen. El viejo edificio rectangular de ladrillos rojos estaba en el extremo norte del campus. Al entrar me entregaron una libreta azul y me informaron que los resultados de la prueba serían colocados esa tarde en un tablero afuera del gimnasio. Tomé asiento ante una de las largas y angostas mesas dispuestas para el examen y lancé nerviosamente una mirada en derredor. El gimnasio tenía una fila de ventanas cuadradas situadas a igual distancia unas de otras en la parte superior de las dos paredes más largas, brillantes pisos oscuros de madera y una canasta de baloncesto en cada uno de los extremos, empotradas en el techo. Me tembló la mano cuando abrí la libreta de exámenes y empecé a escribir sobre un tema que se me olvidó en el momento mismo en que entregué mi ensayo. Salí del gimnasio como aturdido, preguntándome si habría realmente hecho o no aquel examen tan temido.

Cuando regresé a mi cuarto, Smokey estaba echado en la cama leyendo el periódico y escuchando la radio. Estaban tocando *"The Lion Sleeps Tonight"* (El león duerme esta noche).

—Pareces como si hubieras visto a un fantasma —dijo él, haciendo a un lado la página deportiva.

—Espero haber aprobado el examen de inglés —me desplomé en la cama.

—Claro que sí. Era pan comido.

Esa tarde, cuando regresé al gimnasio, una multitud de novatos se había ya congregado alrededor de un tablero de anuncios en el que estaba pegada la lista donde aparecían, en orden alfabético, los nombres de aquellos que habían aprobado el examen. Los estudiantes cuyos nombres no aparecían en la lista habían reprobado el examen y tenían que tomar un curso de refuerzo que no contaba con créditos académicos. Los estudiantes gruñían mientras se empujaban y se apartaban unos a otros tratando de leer la lista. Algunos gritaban de alegría, otros sonreían de oreja a oreja, en cuanto lograban encontrar su nombre. Yo permanecí detrás de la multitud, esperando que se dispersara. Yo luchaba por lograr suficiente valor para superar la desilusión que, según temía, me estaba esperando. Me acerqué al tablero y miré rápidamente la lista empezando con la letra "J". ¡Y ahí estaba mi nombre! Yo no podía creer lo que veían mis ojos. Lo verifiqué una y otra vez para asegurarme. Aunque estaba agotado, me sentí tan feliz como el día en que la señorita Bell, mi maestra de inglés de décimo grado, me dijo que yo tenía talento literario.

Al final del día, Smokey y yo regresamos al gimnasio Seifert para asistir a una asamblea general para todos los novatos. El

Comité de Orientación explicó la historia y las tradiciones de la Universidad. Se nos informó que Santa Clara era la institución de educación superior más antigua de California. Fue fundada como un *college* en 1851 por el jesuita John Nobili y se convirtió en universidad en 1912. Yo sabía que en 1961 las mujeres habían sido admitidas por primera vez en Santa Clara, rompiendo la tradición exclusivamente masculina. Mientras miraba alrededor del auditorio me sorprendió ver que las muchachas eran realmente muy pocas. Yo había estado acostumbrado a asistir a escuelas públicas donde el número de varones era aproximadamente igual al de las muchachas. Cuando anunciaron que nuestra clase de 1966 era la clase de primer ingreso más numerosa que hubiese habido nunca, consistente en 579 alumnos, un tercio de los cuales eran chicas, Smokey se inclinó hacia mí y me dijo en un susurro: —Las estadísticas no están a favor de nosotros, los varones.

—Especialmente en los bailes —le respondí.

Lo que más me sorprendía era ver la forma en que los varones de las clases superiores trataban a las muchachas. Durante la cena esa noche pude notar que ellos se rehusaban a sentarse junto con las chicas en el comedor y luego me enteré de que a ellas se les prohibía mantenerse en la sección de los porristas en los partidos de fútbol. La conducta de esos estudiantes me producía tristeza y rabia. Me preguntaba si las chicas se sentirían tan solitarias y marginadas como yo me había sentido en primer grado cuando los compañeros de clase me excluían de sus juegos porque yo no hablaba el inglés con suficiente fluidez.

Esa noche yo estaba tan cansado cuando me acosté que ni siquiera oí a nuestro prefecto hacer su ronda de los cuartos a las once en punto. Salté de la cama a las seis, pensando que era tarde para ir a trabajar limpiando la Western Union antes de que ésta abriera a las siete de la mañana. Rápidamente, me di cuenta de que estaba en Santa Clara y no en casa cuando miré alrededor y vi que Smokey todavía estaba dormido.

Después del desayuno, leí sobre los requisitos de graduación en el Catálogo de la Universidad para el curso 1962–63. Los cursos requeridos y los electivos recomendados estaban listados por especialidad para cada semestre durante los cuatro años. Puesto que la mayoría de las especialidades tenían los mismos requisitos para los primeros dos años, yo decidí tomar cuatro cursos obligatorios: teología básica, redacción y literatura, lógica y ciencia militar, historia de la civilización occidental y una electiva, español, para un total de dieciséis unidades y media. Las anoté en un pedazo de papel y me dirigí al gimnasio Seifert para matricularme.

En el gimnasio había mucho ruido y estaba repleto de estudiantes de primer ingreso que trataban de matricularse en las diferentes clases. Ninguno de ellos se parecía a mis amigos del Rancho Bonetti o a los amigos que yo había hecho en los campamentos de migrantes. Me di cuenta de que eso me incomodaba, aun cuando en mi escuela secundaria había pocos estudiantes procedentes de comunidades migrantes. Grandes rótulos, indicando los diversos departamentos, estaban pegados en la pared sur del gimnasio y debajo de cada rótulo había miembros de la facultad sentados junto a pequeñas mesas orientando a los estudiantes e inscribiéndolos en los cursos. Había largas filas de espera para cada disciplina. Tenía la boca seca y mis manos estaban frías y pegajosas. Hice primero las filas para los cursos obligatorios, esperando que las clases que yo había seleccionado no estuvieran cerradas. La suerte estaba de mi parte. Logré inscribirme en todas ellas. Luego hice la fila para inscribirme en español. Cuando llegué al frente, el profesor que atendía la mesa se levantó, se presentó como el doctor Víctor Vari y me estrechó la mano.

—Quiero asegurarme de que tú te inscribas en el nivel indicado de español —me dijo con un ligero acento, mirándome directamente a los ojos. —¿Hablas español? Tú deberías hablarlo, ya que llevas el apellido Jiménez —dijo sonriendo y pronunciando mi nombre correctamente.

—Sí, lo hablo —dije orgullosamente. Él y yo procedimos entonces a hablar en mi lengua nativa.

—Bueno —dijo él, pasando de nuevo al inglés—. Tú debes tomar español 100A, el cual consiste en redacción y lectura avanzadas —yo acepté, sin saber exactamente en qué me estaba metiendo. Llené una tarjeta con todas mis clases y se la entregué a un miembro del personal que estaba de pie a la entrada del edificio.

Cuando salía del edificio fui recibido por un estudiante de segundo año que me estrelló un pastelito sobre la cabeza. Me entregó un cuaderno y me dijo que debía llenarlo antes de la noche del día siguiente con las firmas de alumnos de los años superiores y que si no lo hacía se me llevaría a la "corte simulada". Se rió en voz alta y se dispuso a esperar al siguiente novato que saliera del gimnasio. A mí el asunto no me pareció divertido. Me sentía avergonzado y humillado. Sabía que aquello se hacía por diversión, pero me parecía irrespetuoso. Regresé precipitadamente a mi cuarto, tratando de no toparme con ningún estudiante de años avanzados. Me quedé en el cuarto con la puerta cerrada hasta que Smokey regresó de matricularse. Apenas entró, él encendió la radio y me mostró orgullosamente su cuaderno lleno hasta la mitad con las firmas de los estudiantes.

—No tardaré mucho en llenarlo —dijo satisfecho—. ¿Cuántas firmas has conseguido? —me preguntó. Yo no le respondí. Smokey me contempló y se rió.

—¿Obtuviste las clases que querías? —le pregunté.

—Sí —me respondió.

Comparamos nuestro horario de clases y nos decepcionamos al comprobar que no compartíamos ninguna. Sin embargo, él tenía el mismo instructor para redacción y literatura, y eso resultó un consuelo para mí.

Smokey se cambió de ropa y me invitó a ayudarle a construir un muñeco que representara "la imagen del hombre de Santa Clara". Ésa era una competencia entre diversas residencias de estudiantes varones de primer año, patrocinada por los estudiantes de años superiores, con el fin de promover el espíritu de identificación con la universidad. Mis compañeros de clase del Kenna Hall vistieron a un maniquí con un suéter rojo, camisa blanca y una estrecha corbata negra, y lo pusieron señalando a un rótulo que decía NOBILI HALL. Yo no participé porque me sentía aún alterado por la broma del pastelito. Me quedé en mi cuarto, echando de menos a mi familia, y preocupado por las clases en que me había inscrito para el semestre y deseando que el tiempo en Santa Clara pasara rápidamente.

Giros inesperados

Me desperté temprano por la mañana, después de haberme pasado despierto la mitad de la noche, preocupado por no llegar a tiempo a mi primera clase de las ocho en punto. Me levanté aturdido de la cama, me di una rápida ducha, me vestí y me precipité a Montgomery Labs, un viejo edificio de madera de dos pisos, en el lado norte del campus. El aula, ubicada en la planta boy, se veía como el interior de una vieja bodega. Era larga y estrecha y estaba llena de escritorios removibles alineados en filas. Los rayos del sol penetraban a través de sus grandes ventanas manchadas y se reflejaban en el piso gris de concreto, creando una bruma que envolvía todo el cuarto. Tomé un asiento al frente, en la segunda fila, cerca de una ventana, y esperé que la clase comenzara. No tenía la menor idea de lo que sucedería. El aula se volvió gradualmente más bulliciosa, a medida que se llenaba rápidamente de estudiantes que hablaban y se presentaban unos a otros.

De repente se produjo un silencio. El profesor había entrado en el aula. Era joven, alto, delgado y llevaba una chaqueta deportiva, corbata y chaleco. Parado detrás del podio, anunció con voz fuerte y enérgica:

—Me llamo Peter Phillips, soy su profesor de historia de la civilización occidental. Esta clase es un vistazo general de un año sobre la cultura occidental desde sus comienzos hasta el presente. En este primer semestre, voy a poner énfasis en aquellas instituciones clásicas y antiguas que han ayudado a conformar nuestra civilización moderna —yo iba a disfrutar aquel curso. A mí me gustaba la historia y estaba interesado en aprender más sobre los griegos y romanos y sobre los exploradores españoles—. Voy a asignarles ensayos cortos a lo largo del curso y si en sus trabajos, que me deben entregar mecanografiados, encuentro un error ortográfico, eso les acarreará automáticamente una D en sus calificaciones—inmediatamente, mi ansiedad aumentó. Él procedió entonces a pasar lista, leyendo en voz alta los nombres con facilidad. Al llegar al mío, lo pronunció como "Yiménez". Yo no dije nada, porque no quería parecer irrespetuoso.

Me sentía preocupado por mi clase de historia, pero esperaba con grandes expectativas mi clase de español, la cual se impartía en una de las aulas del sótano en el O'Connor Hall, uno de los edificios más viejos de la universidad. El doctor Vari nos estrechó las manos a todos y nos pidió que nos presentáramos a nosotros mismos. Su cordialidad y su genuino interés en los estudiantes creó inmediatamente una atmósfera acogedora y amistosa. La mayoría de los estudiantes de la clase procedían de Centroamérica. Ellos parecían tener bastante confianza en sí mismos, y empleaban vocabulario y expresiones del español con los que yo no estaba familiarizado. En la mitad de la clase, el doctor Vari entregó hojas de papel en blanco y nos pidió que redactáramos una breve composición. Dijo que quería evaluar nuestras habilidades en la escritura y nuestros conocimientos gramaticales. Aunque yo hablaba español, nunca antes había escrito ensayos en mi lengua nativa, ni tampoco había leído literatura en español. Hice un esfuerzo por trasladar al papel mis pensamientos sin saber a ciencia cierta si estaba escribiendo correctamente las palabras. Yo miraba de soslayo al estudiante sentado a mi derecha, el cual escribía rápidamente y sin dificultad. Abandoné la clase preocupado por la opinión que el profesor se formaría de mí una vez que hubiese leído mi ensayo.

Más tarde asistí al curso que más temía: redacción y literatura inglesa. El aula se encontraba en el primer piso del O'Connor Hall. Las desgastadas sillas de madera estaban empotradas en el suelo. Al frente había una pequeña plataforma rectangular y un escritorio, y detrás de éste, contra la pared, una arañada pizarra. El profesor entró llevando un abultado cartapacio. Era un hombre bajo y grueso con ondulados cabellos cortos y castaños. Usaba anteojos y tenía una pequeña brecha entre sus dos dientes frontales. Sacó varios libros y papeles de su cartapacio y los extendió encima de la mesa. Se presentó como el doctor James Quinn, y nos informó que era el director del Departamento de Inglés. Encendió un cigarrillo y procedió a explicarnos la naturaleza del curso.

—En este curso, ustedes escribirán ensayos de carácter expositivo, argumentativo, persuasivo, descriptivo y narrativo —dijo él, chupando su cigarrillo y colocándolo luego en un cenicero manchado y cascado. Mientras él hablaba, el nudo que yo sentía en la boca del estómago se tensaba cada vez más. Mi dolor se agravó cuando anunció que nosotros le íbamos a tener que entregar un ensayo al final de cada semana sobre un tema que él nos asignaría el viernes anterior—. Tendrán una semana completa para trabajar en él —dijo tranquilamente—. De modo que no aceptaré ninguna excusa para ensayos entregados tarde —yo lancé una mirada alrededor del aula esperando que los estudiantes protestaran y se quejaran, como hacían en la secundaria, pero nadie lo hizo. *Todos ellos deben ser realmente muy hábiles y saber lo que están haciendo,* pensé, deslizándome más abajo en el asiento.

—Su tarea de escritura para el próximo viernes es comentar e interpretar el ensayo de Virginia Woolf titulado *La vida misma* —dijo él, entregándonos copias mimeografiadas de esa pieza literaria a los miembros de la clase. Yo nunca antes había oído hablar sobre esa autora.

Esa noche, después de la cena, fui a la Biblioteca Varsi para trabajar en mi ensayo de inglés. En el camino, pasé a visitar la Iglesia de la Misión y oré en silencio por mi familia. Salí por la puerta frontal lateral, pasé junto a la estatua grande y amarillenta del Sagrado Corazón de Jesús en los Jardines de la Misión y me detuve a admirar la vieja pared de adobe, que era parte de la Misión de Santa Clara original. Me preguntaba sobre lo que habrían pensado y sentido la gente mexicana y los aborígenes americanos que anduvieron por estas tierras muchos siglos atrás. Cuando estaba a punto de entrar en la biblioteca, oí que tocaban las campanas de la Misión. Me senté en las gradas frontales de la Varsi y contemplando la torre de la Misión me puse a escuchar su sonido melancólico.

Después de estar ahí sentado por un rato, me dirigí al salón de lectura de la biblioteca, el cual tenía un techo muy alto y largas mesas rectangulares con dos sillas a cada lado. Un cuadro de la Misión Santa Clara colgaba de la pared posterior. Saqué el ensayo mimeografiado y comencé a leerlo. Lo leí varias veces, tratando de entender el sentido del texto de tres páginas. Era una biografía muy breve de un hombre llamado Parson Woodforde. El ensayo estaba basado en su diario, escrito casi diariamente en el curso de muchos años. No se mencionaba la fecha de su nacimiento ni el año de su muerte. Él vivió una vida rutinaria y ordinaria pero estable. Pensé en cómo la vida segura de este hombre contrastaba con mi propia vida de cambios constantes, especialmente durante mi niñez. Busqué información sobre Virginia Woolf en el fichero y saqué prestados varios libros sobre ella. Los estuve leyendo en el lapso de los días siguientes pero no encontré nada específico acerca de aquella pieza en particular. Releí el ensayo unas cuantas veces más, anotando algunas ideas al respecto. El tiempo se estaba agotando. Quizás el sentido de aquel ensayo era que la gente es más feliz viviendo una vida estable y ordinaria antes que una vida inestable pero con una trascendencia histórica.

O que es un gran reto vivir una vida estable dentro de un mundo en constante cambio. El martes por la noche escribí el primer borrador y el miércoles el segundo. Tomé prestada la máquina de escribir portátil de Smokey y empecé a mecanografiar mi trabajo la noche del jueves, utilizando papel *bond* borrable de modo que pudiera hacer las correcciones con facilidad. Mientras estaba mecanografiando, Smokey regresó de sus prácticas de fútbol americano. Se veía como si hubiera participado en una batalla. Estaba sudoroso y sus pantalones y su jersey estaban llenos de manchas de hierba.

—¿Alguien empleó tu cuerpo para podar el césped? —le pregunté riendo.

—Muy gracioso —respondió él, arrancándose de sus hombros las hombreras y dejándolas caer en el piso—. Estoy exhausto —se desplomó en la cama—. ¿Qué diablos estás escribiendo?

—El trabajo para mi clase de inglés —me agaché para agarrar mi borrador manuscrito que accidentalmente se había caído del escritorio.

—¡Oh, no! Se me olvidó completamente —saltó de la cama y hurgó entre una pila de papeles que tenía sobre su escritorio—. Aquí está —dijo, sosteniendo el ensayo mimeografiado. Se sentó junto al escritorio y empezó a trabajar en su tarea. Yo terminé de mecanografiar mi ensayo y revisé la ortografía y la puntuación. *Esto sí está muy bueno*, pensé. Lo puse a un lado y empecé mis lecturas para la clase de teología. Cerca de una hora más tarde, Smokey interrumpió mi concentración.

—Necesito mi máquina de escribir —me dijo. Yo se la entregué. Continué leyendo y traté de ignorar el ruido de la máquina pero no pude. Cerré el libro y me dirigí a la biblioteca. Regresé unos pocos minutos antes de la revisión de cuartos a las once en punto. Smokey llevaba puesto su pijama verde y estaba sentado en su cama, de espaldas a la pared, leyendo el periódico y escuchando música. Sus largas piernas colgaban sobre el lado de la cama como las gruesas ramas de un árbol.

—¿Has avanzado bastante en tu trabajo? —le pregunté, pensando que se había tomado un descanso mientras lo escribía.

—Ya lo terminé —puso a un lado el periódico y apagó la radio.

—Estás bromeando, ¿no es cierto?

—No. Fue pan comido. Oye, es mejor que nos acostemos. Ya pasó la hora del toque de queda.

—Yo todavía necesito hacer una tarea para mi clase de lógica —apagué la luz y me deslicé en la cama con las ropas puestas y esperé hasta que nuestro prefecto llegó e hizo la revisión de cuartos. Después que él se fue, encendí la lámpara de mi escritorio, coloqué nuestra pequeña alfombra del piso contra la base de la puerta para bloquear la luz y estudié hasta que terminé.

Al día siguiente, viernes, yo asistí a clase y entregué mi trabajo de inglés. El doctor Quinn no nos asignó tarea para el siguiente viernes, así que pensé que aquél era mi día de suerte. Estaba feliz de que la semana hubiera terminado. Esa noche, a las siete, había una gigantesca concentración previa a los juegos en los Jardines de la Misión. La Banda del Sombrero Rojo, un grupo musical estudiantil, tocaba varias piezas. Yo me uní a la concentración, la cual desfiló ordenadamente a través del campus hasta llegar al Estadio Buck Shaw, donde los Broncos jugarían contra los "Aggies", de la Universidad de California en Davis. Cuando nos acercábamos al lado de Santa Clara, nosotros nos dispersamos y llenamos rápidamente las graderías de madera. Durante el juego, cuatro porristas varones vestidos de *shorts*, camisas blancas y suéteres rojos, corrían de un lado a otro del área aledaña al terreno dando saltos mortales y animándonos para apoyar a los Broncos. Yo pensé que ellos se veían ridículos. Nunca vi a mi padre ni a ningún otro hombre vestido de *shorts* en los campamentos de trabajadores migrantes. Yo nunca me los ponía, e incluso detestaba ponérmelos para participar en las clases de educación física en la secundaria.

Santa Clara ganó el partido. Los fanáticos de las graderías se desbordaron en el campo de juego para felicitar a los jugadores de fútbol de los Broncos, que estaban llenos de raspones y magulladuras. Después del juego, Smokey y yo asistimos a un baile patrocinado por la clase de segundo año. El baile era como un tónico para mí. Me ayudaba a olvidar mis problemas.

Al siguiente lunes, sin embargo, mis preocupaciones regresaron. Llegué a mi clase de inglés con unos cuantos minutos de anticipación y me senté junto a un escritorio que estaba cerca de la puerta abierta del aula, de cara al oeste. Los suaves rayos del sol vespertino que atravesaban la entrada fueron bloqueados de repente por el doctor Quinn. Él entró en el cuarto jadeando y llevando su repleto cartapacio. Lo puso en el lado derecho de su escritorio, se limpió su frente sudorosa con un arrugado pañuelo blanco y encendió un cigarrillo. Dio un profundo sorbo y nos informó que íbamos a escribir un ensayo explicando si la energía nuclear era buena o mala.

—Este ensayo lo escribirán en lugar del trabajo que me entregan normalmente los viernes— dijo, dándole un segundo sorbo a su cigarrillo y expeliendo el humo por un lado de la boca. Mi corazón latió aceleradamente mientras esperaba que él nos diera más detalles—. Tienen todo el período de clase para escribir el ensayo.

Hubo débiles gemidos, toses ligeras y ruidos de papeles conforme los estudiantes se preparaban para escribir. Arranqué una página de mi cuaderno de espiral y la contemplé fijamente por varios minutos. Miré a mi alrededor. Los estudiantes estaban agachados sobre sus escritorios, escribiendo furiosamente. Pensé en la pregunta y escribí que la energía nuclear no era buena ni mala, que podía ser empleada ya fuera para fines positivos o negativos. Argumenté que su uso para destruir la vida humana era malo. Cinco minutos antes del final del período de clase, el doctor Quinn recogió nuestros trabajos, nos dio una asignación de lectura y empezó a entregarnos nuestro ensayo sobre Virginia Woolf.

—Pueden irse después que reciban su ensayo —dijo—. Los

veré el miércoles —cuando dijo mi nombre, me levanté y agarré nerviosamente mi trabajo, bajando la cabeza. Salí precipitadamente del aula, me fui directamente a la Iglesia de la Misión, que se encontraba adyacente a O'Connor Hall, y me senté en una de las bancas del fondo. Busqué la última página.

Ahí, con tinta roja, estaba una letra grande "D". El corazón se me hundió hasta el estómago y mis ojos se llenaron de lágrimas. Me los limpié con el dorso de la mano y leí los comentarios del doctor Quinn. "Bien escrito y buena captación, pero la interpretación y el análisis son demasiado subjetivos. Asimismo, demasiado material sobre la vida de Virginia Woolf." Me sentí asustado. Quizás yo no voy a dar la talla aquí en Santa Clara. Recé una oración en silencio y luego me dirigí a mi clase favorita.

El doctor Vari estaba ya en la clase cuando yo llegué. Él había entablado una conversación informal con unos cuantos estudiantes que habían llegado temprano.

—¿Por qué esa cara tan larga? —preguntó él en español cuando entré al salón. Todo el mundo hablaba sólo español en la clase, lo cual la hacía más acogedora y confortable para mí.

—Oh, no es nada —respondí, simulando una sonrisa—. Estoy un poco cansado.

—Demasiadas diversiones este fin de semana —dijo él, riéndose. Notando que yo no reaccionaba ante su broma, añadió rápidamente—. En serio, si algo anda mal y quieres hablar conmigo, ven a verme.

Empezó la clase haciendo algunos comentarios sobre nuestras composiciones y explicando algunos errores gramaticales muy comunes en el uso del modo subjuntivo en las oraciones que contienen un "si" condicional. Lanzando una mirada alrededor de la clase, para asegurarse de que todos estuviéramos prestando atención, explicó:

—En una situación "irreal" o supuesta, se emplea el pasado subjuntivo en la cláusula que contiene el "si" condicional y normalmente el modo potencial se emplea en la cláusula resultante —escribió un ejemplo en el negro pizarrón. *Si yo tuviera talento musical, aprendería a tocar el piano.* Yo entendí el ejemplo, pero no los términos técnicos que él empleaba. Mi concentración era intermitente; la calificación D en inglés volvía a mi mente una y otra vez. Al final de la clase, él nos devolvió nuestras composiciones.

—Tú puedes superar eso —dijo, entregándome mi ensayo. Miré la nota. Había obtenido una "C" menos. Yo estaba aturdido. Sentí una ola de calor que me recorría todo el cuerpo—. Si necesitas ayuda adicional con la ortografía y la puntuación, por favor ven a verme durante las horas de oficina —dijo el doctor Vari, notando mi decepción e incomodidad.

—Gracias —le respondí, apartando la vista. Yo estaba más preocupado que nunca. ¡No estaba rindiendo bien en inglés, pero tampoco en español, que era mi lengua nativa! Cuando regresé a mi cuarto, cerré dando un portazo.

—¿Qué te pasa? —preguntó Smokey. Él se estaba poniendo su uniforme de fútbol para asistir a la práctica.

—Saqué una "D" en mi composición de inglés —me sentía

demasiado avergonzado para decirle qué nota había obtenido en mi composición de español—. ¿Qué nota sacaste en la tuya?

—Yo... yo no salí muy bien, tampoco —se ciñó su cinturón, me dirigió una mirada y añadió—. No te preocupes por eso. Todo mundo saca notas más bajas en su primer año en la universidad que en la secundaria.

Yo no estaba totalmente convencido de que él tuviera razón. Después que salió del cuarto, me dirigí a su escritorio para tomarle prestada su máquina de escribir con el fin de mecanografiar un trabajo para mi clase de religión. Junto a ella estaba su trabajo de inglés. Tenía marcada una A, que él había obtenido como calificación. ¿Cómo pudo sacar una A cuando él trabajó en ella sólo una noche? ¡Yo había trabajado en la mía toda la semana! De repente me sentí enojado con Smokey, lo cual me confundió, porque yo comprendía la razón por la cual él me había mentido. Sentí un intenso dolor en las quijadas, en la nuca y en los hombros. Me tomé un par de aspirinas y me acosté en la cama mirando hacia el techo y pensando en lo que tenía que hacer. Pensé en los muchos sacrificios que habían hecho mis papás por mis hermanos y por mí. Ellos dejaron su patria con el objeto de buscar un futuro mejor para nosotros. Mi papá había trabajado en el campo diez horas al día, siete días a la semana, aun cuando padecía de problemas en la espalda. Mi mamá pizcaba las cosechas junto con mi papá y a la vez cocinaba y lavaba para toda nuestra familia. Roberto también trabajaba en el campo y perdía seis meses de clases cada año durante el tiempo en que estuvo en la primaria, la *junior high school* y los primeros dos años de la secundaria.

Mientras más pensaba en mi pasado, más fuerza sentía yo renacer dentro de mí. Me levanté de la cama, fui a mi escritorio y empecé a escribir mis recuerdos sobre experiencias de la niñez. Hacía eso a menudo, sobre todo cuando me sentía desanimado. Esa noche escribí acerca de la frustración que sentí durante mi primer año en la escuela, cuando por no saber ni una palabra de inglés tuve que repetir el primer grado.

El miércoles, el doctor Quinn devolvió los ensayos que habíamos escrito en su clase. Me sorprendió que él los hubiera corregido tan rápido, pero más me sorprendí cuando vi los resultados. "B. Buenas ideas y bien escrito", había garabateado sobre mi ensayo. Sentí que me quitaban un enorme peso de los hombros. Después de la clase fui a la Iglesia de la Misión y me arrodillé en la primera banca, en el lado izquierdo, frente a la pintura al fresco de San Francisco en la cruz. Me quedé ahí varios minutos, contemplando el cuadro que mostraba a San Francisco descansando su pie sobre un globo, con las manos tocando el crucificado cuerpo de Cristo. Era como si los sacrificios de Cristo fluyeran a través de San Francisco para bendecir a todo el mundo, incluyéndome a mí.

La forja de un soldado

Desde que tenía la edad de cuatro años, siempre sentí miedo cuando veía a alguien que vestía un uniforme verde. Desde que mi familia y yo cruzamos la frontera mexicano-estadounidense ilegalmente, arrastrándonos debajo del cerco de alambre de púas que separaba los dos países, nuestro papá nos advirtió que nos debíamos esconder de *la migra*, los guardias de la patrulla fronteriza que vestían uniformes verdes: "Si ellos te agarran, te deportarán de vuelta a México", nos decía repetidamente. Nosotros logramos evadir a los hombres del uniforme verde durante nueve años pero ellos finalmente nos atraparon y nos deportaron cuando yo estaba en el octavo grado. Y a pesar de que nosotros regresamos legalmente, yo seguí siempre sintiendo aprensión cada vez que veía un uniforme verde.

Y ahora yo tenía que llevar un uniforme de ésos una vez por semana durante todo mi primer y segundo año. No tenía otra alternativa. Como muchas universidades subsidiadas por el gobierno, Santa Clara exigía que todos los estudiantes de pregrado tomaran un programa de dos años de entrenamiento básico en ciencia militar (ROTC: Cuerpo de Entrenamiento de Oficiales de Reserva). A todos los pregraduados se nos exigía tomar el programa básico ROTC de dos años del ejército. Los cursos, de una unidad y media de crédito académico, consistían en dos horas de conferencias y una hora de ejercicios. Cada martes por la mañana nos poníamos nuestro uniforme militar y marchábamos en el Back Shaw Stadium, que estaba ubicado en el lado este del campus.

La noche anterior, mis compañeros de clase y yo invertimos varias horas en prepararnos para nuestro ritual del martes por la mañana.

—Yo sé cuánto te gusta hacer esto —dijo bromeando Smokey, sacando del ropero su uniforme del ejército y colocándolo cuidadosamente a lo largo de la cama. Yo opté por ignorarlo y continué con mis lecturas para mi clase de civilización occidental. Con el rabillo del ojo lo vi alisar sus pantalones con la palma de las manos, tratando de eliminar las arrugas que había dejado la percha. Hice a un lado mi libro de texto.

—Puedes planchar el mío cuando termines con el tuyo —le dije.

—Trato hecho. Siempre y cuando tú les des brillo a mis zapatos —ambos nos reímos. Saqué mi uniforme, lo colgué del pomo de la puerta y le limpié la pelusa con mis manos.

—Es más rápido si usas cinta adhesiva —dijo Smokey. Sacó de la gaveta de su escritorio un rollo de cinta adhesiva, cortó una tira y sosteniendo ambos extremos de ésta la pasó encima del uniforme.

—Eres un genio, serás promovido a general en un santiamén.

—Nomás sigue mis órdenes —dijo él— y haré de ti un buen soldado en un dos por tres.

—Sí, señor —me cuadré militarmente y le hice un saludo chocando mis talones. Smokey salió para ir a cortarse el pelo con Ernie DeGasparis, mi único compañero de clase de la secundaria en Santa Maria. Ernie había instalado su peluquería en su cuarto ubicado en el tercer piso y les cortaba el pelo gratis a sus amigos.

Yo seguí preparándome para pasar la inspección militar el martes. Utilizando un viejo calcetín y solución para bronce, abrillanté la hebilla del cinturón, dos pequeñas insignias redondas que iban prensadas a cada lado de las solapas de la chaqueta y una insignia del águila estadounidense prensada al frente de la gorra. Para abrillantar los botines de cuero negro escupí sobre ellos y los froté furiosamente con una pequeña bola de algodón hasta que relucieron como un espejo. Acababa de terminar de darle brillo al segundo zapato cuando Smokey regresó mostrando un corte de cabello de cepillo.

—Ernie te está esperando —dijo—. Es tiempo de que te despojes de tu sombrero de pelo —a diferencia de mis compañeros de clase, yo llevaba el pelo largo, con un elevado copete al frente. Detestaba tener que cortármelo, pero la elección no dependía de mí. Como cadetes, se nos exigía que nos ajustáramos a los estándares de presentación establecidos.

Y lo hicimos. En la mañana del martes los estudiantes

varones de primer y segundo año íbamos vestidos todos iguales y portábamos nuestra placa negra de plástico con nuestro nombre en la solapa del bolsillo derecho. Mientras cruzábamos el campus para dirigirnos al Black Shaw Stadium, Santa Clara parecía más un campamento militar que una universidad. Nos reportamos al cuartel central donde cada uno de nosotros recibió un rifle de infantería M16 que tenía unas veinte pulgadas de largo y que pesaba cerca de siete libras. Fuimos informados por el capitán Glasson que durante las actividades en el ROTC, deberíamos dirigirnos a los cuadros y cadetes de rango superior por su rango y su nombre, y que en la cadena de mando a cada uno de nosotros se dirigirían llamándolo cadete y luego diciendo su nombre. Nosotros teníamos que emplear el término "Señor" y saludar cuando conversáramos o respondiéramos a un oficial cadete o un oficial de rango más alto. Esas reglas y esa disciplina me recordaron a mi papá, quien exigía que le obedeciéramos siempre y que no cuestionáramos su autoridad.

Fuimos entonces agrupados en pelotones y alineados en una formación rectangular. Un cadete de rango superior iba de un lado a otro inspeccionándonos individualmente, asegurándose de que tuviéramos todo en orden: las insignias y los zapatos brillantes, el corte de cabello cortado al rape, y bien afeitados. Si algo estaba fuera de conformidad, nos rebajaban puntos, lo cual afectaba nuestras calificaciones. Después de la inspección, nosotros trotamos en el mismo lugar durante uno o dos minutos, marcando el paso y llevando nuestros rifles

M16 conforme marchábamos siguiendo órdenes: "Atención, izquierda... ¡Marchen! A la izquierda, a la derecha, rompan filas, paso doble..." A veces, cuando yo me confundía y hacía un giro a la izquierda en lugar de un giro a la derecha, oía al cadete superior que gritaba: "¡Preste atención, cadete!" "Sí, señor", gritaba yo en respuesta, automáticamente, pensando en lo ridículo que eran aquellos ejercicios y la pérdida de tiempo que significaban.

Por la tarde, asistíamos a las conferencias brindadas por el capitán Glasson o el coronel O'Brien sobre la historia militar estadounidense y la lectura de mapas, las cuales disfrutaba porque a mí me gustaba aprender sobre el pasado, pero aun así me desagradaba vestir uniforme militar y practicar ejercicios. Eventualmente, sin embargo, la obligación de llevarlo me libró de mi temor a los hombres vestidos de uniformes verdes; lo más importante fue que eso le agradó a mi papá. Cuando unos meses después, en las vacaciones de Navidad, le di una foto donde yo aparecía en uniforme, él dijo: "Estoy orgulloso de ti, mijo. Cuando eres pobre puedes superarte y llegar a ser alguien en el ejército".

Un pacto

Smokey y yo nos llevábamos muy bien excepto en lo relativo a los deportes. El leía la sección deportiva de los periódicos de cabo a rabo y fielmente todos los días de la semana, y sostenía acalorados debates con Pat Hall, Jim Brodlow y Tony Lizza, los estudiantes del apartamento contiguo, sobre cuáles equipos y jugadores eran los mejores. Los debates se convertían a veces en competencias de gritos, donde cada uno de ellos defendía testarudamente su opinión como si de ello dependiera su vida.

El deporte era como una lengua extranjera para mí. Siempre que se producían esas competencias, yo tomaba mis libros y corría a la Biblioteca Varsi o me paseaba por los Jardines de la Misión. Mi indiferencia hacia los deportes molestaba a Smokey, pero lo que realmente lo sacaba de quicio era mi ausencia en los juegos del Santa Clara. A menudo trataba de convertirme en un fanático deportivo, pero yo me resistía como una mula. Una de esas veces fue un viernes por la noche en la segunda semana de noviembre, pocos días antes de las vacaciones de Acción de Gracias. Habíamos terminado de pasar los exámenes de medio semestre y yo me sentía cansado y tenso.

—Tú no te identificas con el espíritu de la universidad —se quejó Smokey—. ¿No te importan acaso nuestros equipos de Santa Clara? ¿Por qué no los apoyas? ¿No te importa en absoluto?

—Sí me importan, pero vine aquí a aprender y no a asistir a partidos.

—Pero puedes hacer ambas cosas. ¡Necesitas un equilibrio en tu vida!

—Tienes razón; es *mi vida* —le repliqué—, así que déjame vivir *mi vida*, y tú vive la tuya. Ya estoy harto de tener una y otra vez esta misma discusión. ¿Por qué no me dejas en paz? —Smokey quedó aturdido. Me contempló como si me hubieran salido tres cabezas.

Yo estaba tan sorprendido como él. Ya habíamos tenido ese desacuerdo antes, pero yo nunca me había descontrolado. En casa había aprendido a controlar mis emociones, especialmente en frente de mi papá. Me temblaban las manos y sentía la cara como si estuviese ardiendo. Ambos nos quedamos parados mirándonos uno al otro en un silencio mortal. Yo podía ver en la cara de Smokey que lo había ofendido. Sus ojos se parecían a los de un ciervo herido. Sacudió la cabeza y se sentó en el borde de la cama.

—Lo siento, Smokey —le dije, después de calmarme un poco.

Él levantó la vista y dijo:

—Porque tú eres mi compañero de cuarto yo me preocupo

por ti —dijo él—. Por eso es que yo no te dejaré solo. Quiero que disfrutes la vida y te diviertas —su ternura y honestidad me tranquilizaron completamente y me recordaron a mi hermano mayor, quien siempre se ocupaba de cuidarme. Yo echaba de menos a Roberto más que nunca en ese momento.

—De verdad, de verdad lo siento, Smokey —repetí, luchando por encontrar las palabras correctas para decirle lo mal que me sentía.

—Está bien —se levantó y se ajustó la gorra. Su alto y delgado cuerpo se elevaba por encima del mío—. Mira, hagamos un compromiso. A ti te gusta bailar. A mí me gustan los deportes. Tú vienes conmigo al juego de basquetbol entre Santa Clara y Santa Maria esta noche y yo te acompañaré a un baile el próximo fin de semana, ¿trato hecho?

—Déjame pensarlo —le dije, mirando la pila de libros sobre mi escritorio.

—Va a ser un juego grandioso —inclinó su cabeza a un lado y levantó las cejas—. Acabamos de pasar los exámenes de medio semestre. Démonos ahora algún gusto. ¡Anda, decídete!

—Está bien, trato hecho.

—¡Fantástico! Ahora lo único que necesitamos es una forma de llegar allá.

—¿Qué? ¿El juego no será aquí? —pregunté. El viaje tomaría tiempo.

—Es en el centro de la ciudad, en el San José Civic Center. Le pediré a Tom Maulhardt que nos dé un aventón. Él nunca se pierde ningún juego —al final de la tarde Tom, Tony Lizza,

Pat Hall, Smokey y yo nos apiñamos dentro del Volvo blanco de Tom y nos dirigimos al juego. El auditorio de viejo estilo colonial español estaba en el extremo norte de la ciudad, a unas cuatro millas de Santa Clara. La entrada principal estaba repleta de estudiantes que se abrían paso a empujones. Logramos meternos con dificultad y conseguimos encontrar asientos en el lado de Santa Clara, frente a los estudiantes de Santa Maria, quienes se sentaban en el lado opuesto del auditorio. Ellos apoyaban a los Guerreros Irlandeses. Nosotros porreábamos a los Broncos. Cuando ambos equipos entraron a la cancha, el ruido se hizo más fuerte y las patadas contra el piso hacían temblar las graderías. Se sentía como un terremoto. Ambos equipos jugaron bien, pero al final los Broncos vencieron a los Guerreros Irlandeses. Todos nosotros, incluso yo, salimos del partido emocionados y orgullosos, y llenos de energía. Mientras viajábamos en el coche de regreso al campus, mis compañeros de clase siguieron regocijándose.

—Vayamos a celebrar la victoria —dijo Smokey—. ¿Por qué no pasamos por una licorería y compramos cerveza?

—Estás loco —dijo Tom, bajando la velocidad del auto—. Ninguno de nosotros tiene veintiún años.

—¿Y eso qué? Estoy seguro de que todos nosotros hemos bebido antes —respondió Smokey—. ¿O te refieres a quién se va a encargar de comprarla?

—Yo nunca he bebido —dije.

—¡Debes estar bromeando! —exclamó Smokey—. No me digas que eres...

—No estoy bromeando —dije interrumpiéndolo—. Mi papá nunca me lo permitiría —todos se rieron. Pero yo no lo había dicho como una broma.

—Pues bien, es tiempo de que empieces a hacerlo —dijo Smokey. Tony se ofreció como voluntario para conseguir la cerveza. Tom estacionó el coche junto a una licorería que estaba ubicada en una esquina y que tenía barras de acero en sus dos pequeñas ventanas frontales. Tony salió del auto y esperó a que se acercara un comprador potencial. Al acercarse uno, Tony lo detuvo, intercambió con él unas cuantas palabras y le entregó dinero. El hombre movió la cabeza en señal de aprobación y se dirigió hacia adentro. Minutos después salió llevando dos bolsas grandes de papel color marrón y le entregó una de ellas a Tony. Tony regresó corriendo al coche, mirando hacia todos lados como un fugitivo.

—Misión cumplida —dijo, deslizándose en el asiento del frente y pasando la bolsa a Smokey en el asiento trasero. Tom estacionó el coche cerca de un oscuro lote baldío en Alviso Street, a unas cuadras de distancia del campus. Smokey nos dio a cada uno una lata de cerveza y luego pasó el abrelatas.

Yo quería confraternizar. Y quería saber cómo era beber cerveza y compensar a Smokey por haberle gritado. Pero me sentía nervioso.

—A la salud de los Broncos —dijo Pat, levantando su cerveza—.

—Por los Broncos —repetimos todos tomando un trago. La cerveza tenía un olor a zorrillo y sabía como cartón. Contuve mi aliento y la engullí de golpe. *No siento nada,* me dije. Rápidamente hicimos otra ronda. Apuré mi segunda lata. De repente, empecé a sentirme mareado y eufórico. Me reía de todo lo que decían mis compañeros de clase, aun cuando no entendía todas las cosas de las que hablaban. Conforme pasaba el tiempo, mi euforia se convertía en tristeza. Me puse a pensar en Tiger Town, una pobre vecindad de Santa Maria, donde limpiaba ventanas. Tenía licorerías y bares destartalados que se extendían a lo largo de varias cuadras a ambos lados de la calle principal. Las aceras estaban cubiertas de colillas de cigarrillos, cajetillas machacadas de cigarrillos y botellas quebradas de cerveza. Yo tenía que frotar las ventanas con fuerza adicional para poder desprender las manchas secas de saliva y gargajos pegados en el vidrio. La música mexicana atronaba desde las puertas principales de los bares y un rancio olor empapaba el aire. A mí me gustaba la música, pero me entristecían los hombres que estaban adentro. Algunos eran braceros, peones agrícolas temporales procedentes de México, que llegaban a Tiger Town desde un campamento local de trabajadores las tardes del domingo, cuando el trabajo era escaso. Se sentaban en el bar, escuchando la música ranchera que sonaba en el tocadiscos y bebiendo cerveza y mirándose en el espejo detrás del mostrador. Estaban lejos de sus familias de México, como yo lo estaba ahora. Me puse a llorar.

—Oye, ¿qué te pasa? —preguntó Smokey—. Empezaste como un borracho alegre y tonto y ahora te convertiste en un borracho llorón.

Lo único que recuerdo después de eso es ir caminando recostado contra Smokey y Pat mientras caminábamos de vuelta al dormitorio antes de nuestro toque de queda a la una de la madrugada. Me desplomé en la cama, sintiéndome mareado y somnoliento.

Esa noche soñé que estaba lavando las ventanas frontales de un bar en Tiger Town. En el sueño el cielo claro se oscurece de repente como una cortina negra. Hay rayos y truenos, acompañados de una lluvia torrencial. Mi balde se llena rápidamente de agua, se desborda y se derrama sobre la entrada del bar. El agua aumenta rápidamente y gana fuerza hasta que se convierte en una rápida y fuerte corriente, que me arrastra, rodeado por las botellas y latas de cerveza, arrojándome dentro del río Santa Maria. Mientras lucho por mantener mi cabeza encima de las turbias aguas, observo a una mujer vestida de blanco con largo y flotante cabello negro. Ella se desliza por la orilla del río, estirando los brazos para salvarme. Yo trato desesperadamente de agarrar su mano pero ella desaparece.

Me desperté bañado en un sudor helado. Por unos cuantos segundos no reconocí el lugar donde me encontraba. Mi corazón latía aceleradamente y sentía la cabeza como si me la apretaran en un torniquete. Tomé cuatro aspirinas y me arrastré de regreso a la cama. Luego recordé lo que había sucedido la noche anterior y me sentí avergonzado.

Salón Cervantes

A pesar del mal fin de semana, la siguiente semana me trajo buenas noticias. Recibí una A en mi examen de medio semestre en composición y lectura en español, y una A– en mi ensayo de inglés. "¡Buen progreso!" escribió el doctor Quinn debajo de la letra de la calificación. Yo a duras penas podía contenerme. Corrí de regreso a mi cuarto, sintiéndome flotar en el aire. Encendí la radio y puse una música de rock 'n' roll mientras me dedicaba a limpiar el cuarto.

"¿Estás aburrido de estar sentado en tu *chante*, tu casita, sin nada que hacer y aburriéndote? ¿Discutes con tu novia porque no encuentran qué película mediocre ir a ver? O quizás eres nuevo en la zona. . . ¿Necesitas hacer ejercicio? ¿Trabajas demasiado o quizás necesitas sólo familiarizarte con el medio social en un ambiente de onda? ¡Órale, pues! No seas anticuado. Ven al Salón Cervantes en Sunnyvale a bailar el *watusi*. Aquí está Little Eva con su *Loco-Motion* para ponerte a tono."

Me pareció el lugar ideal para ir a divertirme. Apunté el

nombre y la dirección en un trozo de papel, me lo metí en el bolsillo de la camisa y seguí arreglando nuestro cuarto.

"Y aquí tenemos ahora *Are You Lonesome Tonight?* con Elvis Presley. Si te sientes solo, ven al Salón Cervantes esta noche y te olvidarás de tus penas, hombre, ¡te lo garantizo!"

Me había convertido en un admirador de Elvis muchos años atrás, cuando estaba en el octavo grado luchando con el idioma inglés y tratando de integrarme dentro de mi clase con el resto de los compañeros. La señorita Ellis, nuestra maestra de *home-room,* nos pidió preparar un número artístico para presentarlo en el aula. Yo vi ahí mi oportunidad para ser aceptado por mis compañeros de clase, quienes eran fanáticos del rock 'n' roll, de modo que me ofrecí como voluntario para hacer fono-mímica de la canción de Elvis Presley llamada *Treat Me Like a Fool.* La interpretación fue un éxito y también lo fue Elvis para mí a partir de entonces.

—Oye, este lugar se ve estupendo —dijo Smokey al entrar al cuarto, empapado de sudor, después de participar en un juego de basquetbol.

—Me parece que tú también necesitas asearte.

—Lo que necesito es descanso —se desplomó en la silla de su escritorio para quitarse sus mugrosas ropas.

—No hay descanso para los malvados. ¿Recuerdas el trato que hicimos?

—¿Qué trato? —dijo él, tirando sus sudorosos y sucios calcetines en el suelo.

—Acordamos que si íbamos al juego entre Santa Clara y Santa Maria, al que de hecho fuimos, tú me acompañarías a un baile. Hay un baile en el Salón Cervantes —agregué entusiasmado.

—Ese nombre me suena más como a una biblioteca. Tú no me estás tomando el pelo, ¿verdad?

—No, estoy hablando en serio; oí que lo anunciaron por la radio. Me parece que sería divertido.

—¿Qué diablo se te ha metido? —preguntó él con cara de desconcierto.

—Me siento con ganas de celebrar. Saqué una A– en mi ensayo de inglés.

—¡Vaya! Saliste mejor que yo.

—Por fin. Me costó mucho trabajo.

Smokey y yo nos preparamos para nuestra aventura. Me puse un par de pantalones negros de poliéster, camisa blanca y botas negras puntiagudas. Los pantalones me quedaban ahora un poco más apretados que algunas semanas antes porque estaba comiendo más que en casa y no hacía ningún trabajo físico. Y en la cafetería de la universidad uno podía consumir por el mismo precio todo lo que quisiera. Me froté en la cabeza tónico para el cabello Tres Rosas, que mi hermano y yo usábamos siempre que salíamos de casa. Luego me eché abundantemente loción Old Spice para después de afeitarse y me puse mi chaqueta de pana color café. Smokey se puso sus pantalones café, una camisa rayada en azul y blanco, una chaqueta deportiva azul marino y un par de zapatos marrones.

—¡Vaya! ¡Esas botas se ven tremendas! —dijo Smokey, observándome de arriba abajo y rascándose levemente la cabeza. A mí no me sorprendió su reacción.

Después de una rápida cena en Nobili, corrimos a la parada de autobuses en El Camino, la calle principal que atravesaba el campus y que iba de San José a San Francisco. Sabíamos que el Salón Cervantes estaba en Sunnyvale, pero no sabíamos qué autobús tomar para llegar ahí. Les preguntamos a los conductores de cada uno de los autobuses que se detuvieron si iban hacia el norte en dirección a Sunnyvale. Después de esperar y esperar y de ver muchos autobuses llegar e irse, finalmente encontramos el indicado y llegamos a Sunnyvale después de viajar más de media hora.

—¿Cuál es la dirección? —preguntó Smokey cuando nos bajamos del autobús.

—La tengo aquí —busqué en el bolsillo de mi camisa—. ¡Oh, no! ¡Se quedó en la camisa que me quité!

—¿Qué? ¿Te la olvidaste? ¿Cómo pudo pasarte eso?

—Lo siento —vagamos erráticamente por la ciudad, preguntando la dirección del Salón Cervantes. Nadie había oído hablar nunca de él. Smokey empezó a dudar de su existencia y estaba dispuesto a abandonar la búsqueda y regresar—. No nos demos por vencidos —insistí yo—. Alguien tiene que saber.

—Claro, el anunciador de la radio.

—Si no podemos encontrar en los próximos quince minutos a alguien que sepa la dirección nos regresamos —dije yo, tratando de apaciguarlo. Afortunadamente, después de cuatro intentos más, finalmente dimos con un joven que sabía dónde quedaba. Cuando me oyó decir Cervantes Hall, me preguntó si yo hablaba español. Cuando le dije que sí, me dio la dirección en español. También era su idioma nativo.

—Estamos de suerte —le dije a Smokey—. Sígueme. Ya sé dónde queda.

—Vale más que así sea.

El cielo estaba oscuro y nublado. Caminamos por varias cuadras, alejándonos del centro de la ciudad, hasta que descubrimos un rótulo de neón en verde y blanco que decía CERVANTES HALL en el costado de un gran edificio con aspecto de granero. En las afueras de la entrada de puerta doble, un hombre grande y fornido con largo pelo café, tupido y ondulado, estaba de guardia. Llevaba puesta una camiseta negra con el nombre del salón de baile y tenía en su antebrazo un tatuaje de una calavera con dos huesos cruzados. Unos tipos, vestidos de pantalones vaqueros y camisetas blancas, se mantenían rondando en las afueras del salón, observando a las chicas y tratando de decidir si valía la pena gastar su dinero en entrar. Se reían y bromeaban y se balanceaban al compás de la música que salía atronadoramente a través de las puertas. Sus cabellos negros brillantes y largos, peinados hacia atrás en los costados, los hacía verse muy parecidos a mis amigos y vecinos del Rancho Bonetti. Me hacían sentir como en casa. Compramos nuestros boletos y entramos.

La música estruendosa y vibrante, así como el baile, me recordaron los bailes en El Vets, a los que mi hermano y yo asistíamos en Santa Maria. La banda tocaba en vivo sin parar música de rock 'n' roll. El cantante estrella saltaba de un lado a otro de la tarima y se contorsionaba. Los gritos servían de complemento a la música. Smokey al principio se veía nervioso, pero una vez que empezó a bailar ya no se volvió a detener. Ni yo tampoco. Nosotros competíamos el uno con el otro, ensayando diversos ritmos de moda. Bailamos el *twist, mashed potato, locomotion*, el *watusi* y muchos otros. Nos estábamos divirtiendo tanto que nos olvidamos de que debíamos estar de regreso en nuestro cuarto a la una en punto, y era casi la medianoche cuando vimos la hora. Salimos recorriendo nuestra ruta en sentido inverso, a través de calles vacías y mal iluminadas, hasta llegar a la parada de autobuses en El Camino. Esperamos en la parada durante varios minutos pero no pasó ningún autobús. Estaba empezando a lloviznar.

—Estamos en un serio problema —dijo Smokey, mirando su reloj y caminando de un lado a otro.

—De verdad que sí —me esforcé por localizar algún autobús. Mala suerte. Sólo pasaban, de vez en cuando, coches y camionetas. Entonces decidimos pedir un aventón sobre la ruta de El Camino. Como él era más fácil de distinguir, Smokey me seguía mientras caminábamos hacia atrás, extendiendo nuestra mano con el pulgar en alto. Cuando no vimos pasar coches, empezamos a trotar. Mientras más rápido corríamos, más nos mojábamos. Cada vez que divisábamos las luces delanteras de un auto, se renovaban nuestras esperanzas. Finalmente, un carro deportivo rojo nos pasó, bajó la velocidad y luego se detuvo. Smokey y yo corrimos hacia él, con el aspecto de dos perros peludos, mojados y sin dueño. El conductor bajó el vidrio de la ventana y nos preguntó:

—¿Adónde van, muchachos?

—A la Universidad de Santa Clara —respondimos Smokey y yo al mismo tiempo.

—Súbanse, yo también voy en esa dirección —nos metimos en el coche temblando y secándonos la lluvia de la cara.

—Así que están en Santa Clara... Ustedes no tienen muchas chicas ahí; qué lástima. Yo estoy en Stanford —agregó. Yo no sabía nada sobre Stanford, pero él daba la impresión de estarse jactando. Era rechoncho, con cabellos rubios cortos y pequeñas manos gordezuelas—. Yo voy camino a una fiesta en San José State University. Ahí las chicas son más divertidas que en Stanford —siguió hablando sin dejar de ver hacia el frente todo el tiempo, y sin darnos a Smokey y a mí ninguna oportunidad de decir nada. Su actitud de superioridad me molestó. Se paró haciendo chirriar las llantas justamente en la entrada de la Universidad de Santa Clara—. Bueno, hemos llegado —nosotros salimos rápidamente y le agradecimos. El aventón había tomado tan sólo unos minutos, pero nos habían parecido horas. Yo estaba feliz de haber regresado a tiempo para la revisión de los cuartos.

Auxilio

Al final de mi largo y estresante primer año, me sentía agradecido por muchas cosas. Había aprendido mucho, hecho nuevas amistades y recibido notas de A en inglés y español, de B en ciencia militar, y de C y C más en mis otras clases, con un promedio general de B. Sin embargo, no me sentía satisfecho y estaba decidido a superarme en mi segundo año. Y ahora, iba de regreso a casa.

No había visto a mi familia desde la Navidad, así que me emocionaba la idea de pasar algún tiempo con ellos. Regresé al Rancho Bonetti habiendo aumentado en mis conocimientos y también de peso. Salí hacia la universidad con un peso de 129 libras y regresé pesando 30 libras más.

—¿Qué pasó contigo? —preguntó Trampita—. ¿Alguien te confundió con un neumático y te infló?

—Todo esto es puro músculo —flexioné mi antebrazo.

—Claro, Panchito. Tú quieres decir llantas —dijo él, agarrando ambos lados de mi cintura y dándome luego un leve puñetazo en el estómago. Torito, Rorra y Rubén, que estaban ya un poco más crecidos, se rieron histéricamente y me abrazaron por turnos.

—Bienvenido a casa, mijo —dijo mi mamá, acariciando mi rostro—. Tus mejillas se ven tan...

—Regordetas —intervino Trampita.

—No seas malcriado, mijo —dijo mi mamá—. Rosadas —dijo ella, completando la frase que había iniciado.

Con el rabillo del ojo, vi a mi papá sentado en las gradas frontales de nuestra barraca. Había estado observándonos y fumando. Su mirada se cruzó con la mía y esbozó una sonrisa. Sentí que un escalofrío me recorría la columna.

—Él no está bien, mijo —susurró mi mamá. Sus ojos se humedecieron. Yo me dirigí a donde estaba él, me arrodillé y lo abracé.

—¿Cómo estás, Panchito? —me preguntó, arrojando a un lado la colilla de su cigarrillo. Su voz era débil. Su cuerpo frágil parecía desaparecer dentro de sus holgadas y desteñidas ropas.

—Estoy bien, papá. Es bueno estar en casa.

—¿Lo crees? —preguntó él, esforzándose por levantarse.

Yo no le respondí. Yo sabía cómo le había afectado el hecho de que yo me hubiese ido de casa. A él no le gustaba que nuestra familia se separara. Se molestó cuando Roberto se fue de casa después de casarse y se entristeció cuando yo me fui a la universidad.

—¿Por qué no entramos todos ya y vamos a cenar? —dijo mi mamá—. Cociné la comida favorita de Panchito: carne de puerco con chile, frijoles y tortillas frescas de harina.

—Eché de menos tu comida, mamá —la comida de la universidad no tiene mucho sabor.

Mientras nos sentábamos a la mesa, observé que el piso de linóleo, el cual habíamos armado juntando diversos retazos de diferentes colores y formas que hallamos en el basurero de la ciudad, estaba muy desgastado. El aparador que dividía la cocina y el comedor estaba quebrado. Roberto lo había hecho en la secundaria en un taller de manualidades con una macetera encima, la cual había llenado con flores de plástico. Las plantas artificiales habían desaparecido. Durante la cena, mi mamá, mis hermanos y mi hermana me hicieron innumerables preguntas sobre la universidad, tal como lo habían hecho durante la Navidad. De nuevo, yo les conté sobre Smokey, mis clases y mis profesores. Mi papá se mantenía callado y distante. Mientras reacomodaba su cuerpo, tratando de encontrar una posición más confortable, se le cayó el tenedor. Apenas había caído al suelo cuando pidió a alguien que lo levantara.

—¿No hay *naiden* que lo recoja? —dijo irritado. Torito, que estaba sentado junto a él, se agachó rápidamente para recogerlo.

Viendo allí una oportunidad para involucrar a mi papá en la conversación, dije:

—Papá, ¿sabía usted que en vez de la palabra *naiden* debería realmente decirse *nadie*? Eso fue lo que me enseñó mi profesor de español.

—¡Qué diablos! —gritó mi papá, enojado—. ¿Me estás corrigiendo?

Yo me quedé impactado y sin palabras. El tiempo parecía haberse detenido.

—¿Estás mudo? —preguntó mi papá, impaciente y clavando su mirada en mí.

—No, papá, yo sólo estaba...

—¿Así que ahora piensas que eres superior a nosotros sólo porque vas a la universidad? —me interrumpió—. ¡No faltaba más! —apartó su plato hacia un lado.

—Lo siento, papá, yo no quise faltarle el respeto —dije nerviosamente.

Mi mamá me hizo señas de que me quedara quieto y dijo tiernamente:

—¿Está fría su comida, viejo? ¿Quiere que se la caliente?

—No —dijo mi papá, calmándose un poco.

Yo estaba ansioso de abandonar la mesa y de que se terminara aquella noche.

—Mañana empezaré a trabajar de madrugada —dije, frotando mis manos debajo de la mesa—. Es mejor que me ponga a desempacar y que me acueste temprano.

Mi papá me miró y me dirigió una débil sonrisa. Yo suspiré con alivio. Él entonces me indicó que necesitaba mi ayuda para levantarse.

—La espalda me está matando —dijo, apoyándose en mis hombros. Yo lo acompañé sosteniéndolo hasta su dormitorio y le ayudé a acostarse en la cama. Mi mamá entró con un vaso de agua y dos aspirinas, que le entregó. Después de tomárselas, él colocó el vaso semivacío debajo de la cama porque creía que así alejaba a los malos espíritus.

—Ésta es tu casa, Panchito —dijo él suavemente.

—Ya lo sé —respondí, observando la imagen de la Virgen de Guadalupe colgada en la pared encima de su cama.

Esa noche, mientras mis hermanos y mi hermana hacían sus tareas escolares en la mesa de la cocina, yo di una caminata por el rancho. El sol estaba justamente empezando a ocultarse.

El Rancho Bonetti, como mi familia y yo, había a la vez cambiado y se había mantenido igual. Las deterioradas barracas del ejército que Bonetti, el dueño del rancho, compró después de la Segunda Guerra Mundial y alquiló a los trabajadores agrícolas migrantes, permanecían tal como antes. Ellas mismas parecían haber sido víctimas de la guerra. Las barracas tenían las ventanas rotas, faltaban partes de las paredes y había grandes agujeros en los techos. La maleza invadía las viejas y oxidadas piezas de máquinas agrícolas que estaban dispersas a través de todo el rancho. Los baches en el camino de tierra que rodeaba el frente de las barracas eran ahora más grandes y más profundos. Perros callejeros huesudos y sarnosos vagaban por el rancho, buscando comida en los tres grandes barriles usados de petróleo que ahora servían como recipientes de basura para los residentes. La pintura del exterior de nuestra barraca, que tenía unos 30 pies de ancho por 60 pies de largo (nuestra familia vivía en la mitad del edificio, que estaba dividido en dos dormitorios y una cocina) estaba agrietada y descascarada, y la puerta de cedazo estaba rota. Nuestro excusado exterior, que compartíamos con nuestros vecinos, se inclinaba hacia un lado. El cobertizo de al lado de nuestra casa, donde nos bañábamos en una tina redonda de aluminio, necesitaba reparación y el agua estaba aceitosa y maloliente, como huevos podridos.

Mientras la neblina costera se extendía y cubría el valle como una enorme sábana gris, me sentí aterido, regresé al interior de la barraca y me preparé para acostarme. Mi mamá, mi papá y mi hermana dormían en un cuarto. Mis tres hermanos menores, Trampita, Torito y Rubén, dormían en el segundo cuarto en una cama doble cerca de la mía, la cual yo compartía con Roberto antes de que él se casara.

Al siguiente día, y por el resto del verano, trabajé de nuevo para Santa Maria Window Cleaners, la empresa de conserjería que me dio empleo durante los cuatro años que yo asistí a la secundaria. Era la misma compañía para la cual trabajó Trampita después de que yo me fui a la universidad de modo que él pudiera seguir ayudando a mantener a nuestra familia. Ese verano, Trampita y Torito pizcaron fresas para Ito, el aparcero japonés. Como siempre, mi viejo trabajo era rutinario y tedioso. Todos los días, a principios de la mañana, yo limpiaba la Western Union, antes de que ésta abriera a las siete en punto, y Betty's Fabrics. Luego le ayudaba a Mike Nevel, el dueño de la compañía, a limpiar casas, encargándome de las ventanas, lavar paredes, limpiar y encerar los pisos. En las tardes, trabajaba solo limpiando y raspando la pintura de las ventanas, aparatos y mostradores de azulejos en los recién construidos apartamentos cerca de Hancock College. Todas las noches limpiaba la Compañía de Gas en Main Street y dos noches por semana la Standard Oil Company. Trabajaba setenta horas cada semana y el dinero que ganaba le ayudaba a mi familia a cubrir los gastos del hogar.

Desafortunadamente, me quedaba poco tiempo para pasarlo en casa. Sin embargo, a medida que transcurría el tiempo, dejé de lamentar eso debido a mi papá. Sus rachas de mal humor, que empeoraban día a día, se iban rápidamente apoderando de nuestras vidas. Él se quejaba habitualmente de todo y criticaba a todo el mundo, especialmente a mi mamá. A menudo permanecía en cama todo el día y se negaba a afeitarse, comer o hablar con nadie. A veces, se encerraba en el cobertizo de la bodega que estaba en medio del rancho, donde Bonetti mantenía los materiales de construcción. Ninguno de nosotros se sentía relajado o contento en su presencia, pero continuábamos rezando por él y mostrándonos respetuosos. Cuando yo tenía algún tiempo libre, visitaba a mi hermano, su esposa y su tierna hija Jackie, quienes vivían en un apartamento en la ciudad. Roberto trabajaba como conserje para Santa Maria Unified School District durante la semana y limpiaba oficinas comerciales durante los fines de semana.

Una noche, cuando llegué a casa del trabajo, una semana antes de la fecha en que debía volver a la universidad, mi mamá me dijo que mi papá se había ido de nuevo esa mañana al cobertizo de la bodega y se negaba a salir. —Ve a traerlo mijo. Quizás a ti te haga caso —dijo mi mamá, rompiendo en llanto.

—Voy a hacer el intento —la rodeé con mi brazo. Ella tomó entonces dos plátanos y un puñado de galletas Newton de higos, llenó un vaso con leche y lo colocó todo en una bandeja grande, que me entregó.

—Trata de ver si quiere tomar esto. Él no ha comido en todo el día —a mi papá le gustaba comer plátanos y productos lácteos porque decía que le aliviaban el dolor de estómago.

Cuando mi mamá abrió rápidamente la puerta del frente para que yo saliera, me mantuve por unos segundos parado en las gradas del frente mientras mis ojos se ajustaban a la oscuridad. Caminé con cuidado, llevando la bandeja con ambas manos, hasta que llegué al cobertizo de la bodega. Coloqué la bandeja en el suelo y arrimé el oído contra la puerta del frente. No pude oír nada. Mi corazón latía aceleradamente. Golpeé levemente. No hubo respuesta. Golpeé de nuevo un poco más fuerte.

—¿Quién es... ? —oí que preguntaba mi papá cansadamente.

—Soy yo, Panchito. Le traigo algo de comer —me mantuve largo rato esperando una respuesta. Entonces oí gemidos y ruidos de tablas—. Papá, ¿está usted bien? —pregunté. La puerta se entreabrió levemente y penetró a través de ella un débil rayo de luz. Empujé la puerta para abrirla completamente y entré. Mi papá estaba luchando por acostarse en una cama improvisada que él había hecho con tablas de madera. Estaba tan pálido como una hoja blanca de papel, tenía unas ojeras muy marcadas y su pelo estaba despeinado.

—Estoy muy cansado —dijo, estirando los brazos para tocarme. Me incliné y sostuve su mano. Luego le ayudé a sentarse con su espalda apoyada contra la pared.

—Usted tiene que comer —metí la bandeja y la puse a su lado. Luego pelé un plátano y se lo di. Él masticó lentamente, mirando fijamente al vacío. Después que terminó de comer, lo convencí de que volviera a entrar a la casa. Mi mamá, que estaba esperándonos ansiosamente en la puerta, me ayudó a acostarlo en la cama.

—Pobrecito, qué lastima me da verlo sufrir —dijo ella, sollozando—. Me duele verlo sufrir.

—Yo lo sé —dije, colocando mi brazo suavemente alrededor de su hombro. Sentí una profunda tristeza. Mi papá había cambiado mucho desde el tiempo en que cruzamos la frontera por primera vez.

El regalo de un extraño

Nunca esperé llegar a conocerlo. Yo había estado limpiando su oficina todos los días, después de clases, durante los cuatro años en que asistí a la secundaria y nunca lo vi ni siquiera una vez. Su oficina estaba en el primer piso, en la parte trasera de la compañía de gas, un edificio grande con una oficina principal que estaba conectada con una estructura posterior de dos pisos. Yo sacudía con plumero los escritorios y las persianas, vaciaba y limpiaba los ceniceros, fregaba los pisos y vaciaba los recipientes de basura de todo el edificio. Siempre dejaba su oficina para lo último porque era la más limpia y la más privada. A menudo me preguntaba si él realmente la utilizaba o no, porque todo lo que había en ella permanecía siempre igual. Él tenía su propia entrada por un corredor que se extendía a lo largo de un costado del edificio. Su puerta tenía una ventana enmarcada de vidrio biselado con su nombre, ROBERT E. EASTON, escrito en ella con letras negras. Entrar en su oficina era como retroceder en el tiempo. Tenía un olor rancio y cada una de las piezas del mobiliario era vieja y hecha de madera oscura. La cubierta grande de su escritorio, que se encontraba en medio de la oficina, tenía incrustadas alrededor bandas de color dorado y encima de éste se encontraban ordenadas pilas de papeles amarillentos y carpetas de archivo, una pequeña lámpara de bronce con pantalla de porcelana y un teléfono negro de disco. Sus estantes estaban llenos de libros forrados de cuero y de cuadernos contables. En la esquina, detrás de la puerta, había un perchero para abrigos y encima de éste colgaba una foto aérea en blanco y negro del Valle de Santa Maria, tomada en la década de 1940. Después de terminar de limpiar su oficina, yo me sentaba ante su escritorio y hacía mis tareas escolares debido a que no tenía un lugar donde estudiar en la casa. Sentado ahí me preguntaba quién era ese hombre y también si algún día yo tendría la oportunidad de llegar a conocerlo.

Y aquí estaba yo, limpiando su oficina de nuevo por las tardes, cinco días a la semana, durante las vacaciones de verano al final de mi primer año en la universidad, pero aún no había ninguna señal de él. Entonces, un viernes por la tarde, Mike Nevel, el dueño de la Santa Maria Window Cleaners, me pidió que le ayudara a limpiar y encerar los pisos de un edificio comercial y posponer la limpieza del edificio posterior de la Compañía de Gas hasta el día siguiente. El sábado por la mañana, después de limpiar la Western Union y Betty's Fabrics, fui a la Compañía de Gas, tomé del cuarto del conserje el carrito de limpieza y empecé a limpiar las oficinas del primer piso. Mientras estaba fregando el polvo del corredor, apareció un anciano delgado con anteojos de marco de alambre. Iba vestido con un traje azul marino oscuro con rayas finas y llevaba debajo de éste un chaleco, una camisa blanca almidonada, corbatín y sombrero negro de fieltro. En su mano derecha, llevaba un bastón. *Éste debe ser él*, pensé, tratando de ocultar mi excitación.

—Buenos días, joven —dijo.

—Buenos días, señor.

—Yo soy Robert Easton —dijo, estrechándome la mano. Su rostro y sus manos arrugados estaban llenos de manchas color marrón.

—La gente me dice Frankie —sonreí de oreja a oreja—. ¡Estoy muy contento de conocerlo!

—Es un placer conocerte, mijo. Así que tú eres el chico que nos hace la limpieza —se sonrió y sus ojos brillaban mientras hablaba—. ¿Estás aún en la escuela?

—Me gradué de Santa Maria High School el año pasado...

—Espléndido —mijo.

—Acabo de terminar mi primer año en la universidad; regreso la próxima semana.

—Maravilloso. ¿Qué universidad?

—La Universidad de Santa Clara —respondí orgullosamente.

—Ah, sí, sé algo de Santa Clara. He andado por esos rumbos. De hecho, yo nací en Santa Cruz... hace muchos años, por supuesto. Ahí pasé mi niñez.

—No puede haber sido hace tanto tiempo.

—Pues en realidad sí, mijo. Yo nací en 1875, y si mis cálculos son correctos, tengo ochenta y siete años. Pero todavía me mantengo en pie —dijo riéndose. Trasladó el bastón a su mano derecha y desplazó el peso de su cuerpo a la otra pierna—. La Universidad de Santa Clara... recuerdo cuando eran campeones de fútbol, allá en los años treinta. Ganaron el Tazón de Azúcar en 1936 ó 1937; no puedo recordar el año exacto.

—Fue alrededor de ese tiempo —yo fingí saber algo al respecto. De hecho, no tenía la menor idea, pero me sentí orgulloso cuando él me lo mencionó.

—¿Adónde se fue usted después de Santa Cruz?

—¿Cómo sabes que yo viví en Santa Cruz... ? —frunció el entrecejo, levantó la vista hacia el techo y exclamó—. ¡Oh! Yo te lo dije, ¿no es cierto? —se enderezó, tosió un poco y añadió—. ¿De verdad quieres saberlo? No quiero aburrirte, mijo...

Antes que yo tuviera la oportunidad de responder, él continuó:

—Bueno, está bien. Después de Santa Cruz, mis padres fueron a Benicia, luego a Berkeley, donde yo asistí a la escuela —se detuvo, descargó su peso en la otra pierna y me miró detenidamente como para asegurarse de que lo estaba escuchando y de que realmente estaba interesado en lo que me estaba diciendo. Me acerqué un paso más a él—. Luego asistí al Tecnológico de California y después de graduarme trabajé durante dos años para una empresa de contratistas que hacía mapas de levantamiento topográfico.

—Entonces, ¿cuándo fue que empezó a trabajar para la Compañía de Gas?

—Ah, ésa es una larga historia —respondió, tomando aliento

para luego proseguir—. Antes de relacionarme con la Compañía de Gas, organicé la Home Telephone and Telegraph Company. Era el año 1907 y dos años más tarde, en 1909 —en febrero de 1909 para ser exactos— yo fui uno de los fundadores de la Gas and Power Company, que se convirtió después en la Santa Maria Gas Company.

—Así que usted ha estado trabajando aquí por más de cincuenta años.

—No exactamente. Me retiré como presidente de la compañía cuando se fusionó con la Southern Counties Gas Company en 1941 —hizo una pausa, miró en otra dirección y añadió—. Bueno, ahora ya estoy completamente jubilado, pero mantengo mi oficina y vengo aquí de vez en cuando —su voz se arrastraba y tenía en su rostro una expresión de tristeza.

—A mí me gusta su oficina —yo quería levantarle el ánimo—. De hecho... —estuve a punto de decirle que usaba su oficina para estudiar, pero cambié de idea. A él podría no haberle gustado eso.

—¿Qué es lo que ibas a decir?

Aparentando que trataba de recordar, me toqué la barbilla con el dedo índice derecho, levanté la vista al techo y tras algunos segundos le dije:

—Lo olvidé. ¡Olvidé lo que iba a decir! —me reí nerviosamente.

—Oh, tú eres demasiado joven como para que se te olviden las cosas —se sonrió pero, de repente, su sonrisa desapareció—.

Discúlpame que te lo diga, mijo, pero noto que tus encías están demasiado rojas. Necesitas ver a tu dentista.

Instintivamente, me cubrí la boca con la palma de la mano.

—Yo nunca he ido a ver a un dentista —me sentía avergonzado.

—¡Ay, caramba! Tenemos que ocuparnos de esto.

A mí me sorprendió que no me preguntara por qué nunca había visitado a un dentista. Supuse que él había adivinado la razón.

—Ven, quiero que conozcas a Mary, mi secretaria. Haré que te consiga una cita con mi dentista para que te vea. Ella está en mi oficina esperándome.

Yo me sentí completamente tomado por sorpresa. Aunque luché por encontrar las palabras apropiadas, lo único que se me ocurrió decir fue:

—Gracias, gracias señor Easton —regresó a su oficina caminando trabajosamente y me presentó a Mary, una señora mayor y amigable que era unos quince años menor que el señor Easton.

Unos días después, Mary me dejó un mensaje en la Compañía de Gas indicando que había hecho una cita para que me viera el dentista el miércoles siguiente, y que la buscara en el frente de la oficina principal a las tres en punto de la tarde de ese día. Pasó a recogerme puntualmente. En el camino al consultorio del dentista, me dijo que se había jubilado al mismo tiempo que el señor Easton había dejado de trabajar para la

Compañía de Gas. Por hacerle un favor a él, ella se encargaba de atender sus negocios personales y llevarlo en el coche a su oficina de vez en cuando puesto que él ya no era capaz de manejar. Me esperó en el consultorio del dentista mientras me calzaban una muela y me hacían una limpieza dental. Luego hizo que cargaran los gastos del dentista a la cuenta del señor Easton y me llevó de regreso a la Compañía de Gas. Antes de irse, le agradecí por su ayuda y amabilidad. Esa noche, después que terminé de limpiar la oficina del señor Easton, le escribí una nota de agradecimiento y se la dejé encima del escritorio, esperando verlo de nuevo. Mi nota estaba aún ahí el último día que limpié la Compañía de Gas ese verano.

Buscando la sobrevivencia

Al final de ese verano, regresé a Santa Clara con sentimientos contradictorios. Estaba contento de dejar atrás mi pesado y tedioso trabajo de conserje y de escapar de las deprimentes rachas de mal humor y del extraño comportamiento de mi papá. Pero estaba preocupado por él y triste por abandonar a mi familia. Ellos aún seguían luchando por mantenerse, aun cuando yo les había dado todas mis ganancias del verano. El salario que recibía Trampita trabajando en mi antiguo empleo mientras iba a la escuela, el pago que recibía Torito por pizcar zanahorias después de clase y los fines de semana, y los ingresos que obtenía mi mamá cuidando a los bebés de las familias migrantes y planchando para ellos, eran apenas suficientes para pagar la renta mensual, comprar provisiones y cubrir otros gastos básicos.

Por mi parte, yo también tenía dificultades financieras: cómo costear mi segundo año en la universidad. Me las arreglé para pagar la colegiatura, el alojamiento y la comida con becas que recibí de la universidad y de la Santa Maria Valley Scholarship Association, y pidiendo prestados otros mil dólares al gobierno federal a través del programa del National Defense Student Loan Fund. Pero todo esto no era suficiente. Tenía que encontrar un empleo. Mi familia necesitaba ayuda y yo tenía que comprar mis libros y cubrir mis gastos cotidianos como vestimenta, artículos de uso personal y lavado de ropa.

La primera semana de septiembre, me mudé al cuarto 225 del McLaughlin Hall y me matriculé en las clases. Smokey y yo acordamos seguir siendo ese año compañeros de cuarto, pero casi nunca compartíamos momentos juntos. Él estaba ocupado con sus clases y actividades extracurriculares y yo estaba ocupado estudiando y trabajando. Ese otoño tomé diecisiete créditos. Las clases y los profesores que más disfruté fueron: historia de la filosofía, con el padre Austin Fagothey, que era el director del Departamento de Filosofía; historia de la cristiandad, con el padre Bartholomew O'Neill; y literatura latinoamericana con la doctora Martha James Hardman de Bautista.

La segunda semana de clases fui a buscar a la doctora Hardman de Bautista para ver si podía ser su asistente. La puerta de su oficina, escasamente decorada en el sótano O'Connor Hall, estaba abierta. Asomé mi cabeza adentro y toqué a la puerta.

—Pase, señor Jiménez —dijo ella, sonriendo y colocando un libro en su escritorio. Como de costumbre, llevaba puestas unas sandalias, un largo vestido blanco de una sola pieza, ceñido en la cintura por una ancha y vistosa faja tejida y un pequeño manto sobre sus hombros, prensado en el frente con un sencillo alfiler de plata. Llevaba su cabello castaño-amarillento partido por la mitad y prensado con una cinta.

—Estoy contenta de tenerlo en mi clase.

—Gracias, profesora —estaba sorprendido de que ella supiera ya mi nombre—. A mí me gusta nuestra clase. Es pequeña —añadí nerviosamente, tratando de establecer una conversación informal.

—Sí. Y todos en la clase son hablantes nativos de español, principalmente de Centroamérica, a excepción de una estudiante. Por favor, siéntese —ella movió su silla desde el lugar en que estaba detrás de su escritorio y se sentó frente a mí. Tenía una cara redonda radiante y grandes ojos azules—. Bueno, ¿en qué puedo servirle?

—Quisiera saber si usted necesita un asistente —procedí a explicarle por qué necesitaba un trabajo, sin mencionarle a mi familia. No me sentía cómodo hablándole de la situación en mi casa. Ella escuchó atentamente y al final de la explicación me hizo varias preguntas, en español, sobre mis antecedentes lingüísticos. Luego continuó hablando en inglés.

—Usted es mexicano, ¿no es cierto?

Yo estaba sorprendido de que ella supiera eso.

—Sí, soy mexicano, pero nací en Colton, California.

Ella debió haber notado mi sorpresa, porque dijo:

—Sé que usted es mexicano debido a su entonación y a una parte de su vocabulario. Pues, yo soy antropóloga lingüista. Estudio los idiomas.

—¿Qué idiomas? —yo nunca antes había oído hablar de un antropólogo lingüista.

—Actualmente estoy haciendo investigaciones sobre el idioma de los indios aymará, de los Andes. Estoy estudiando la estructura fonológica y gramatical de su idioma —ella se animaba gradualmente más y más, y su cara se enrojecía mientras describía su trabajo—. La mayoría de la población boliviana, el país donde yo he hecho mis investigaciones, pertenece a los grupos indígenas aymará y quechua. Sin embargo, la educación en Bolivia se imparte sólo en español, sin tomar en cuenta los idiomas indígenas, y como resultado de eso hay discriminación social, económica y racial. ¡Mi esperanza es que, una vez que hayamos creado una lengua escrita los hablantes de aymará aprendan a leerla y escribirla, de modo que en el futuro sean capaces de documentar su historia en su propio idioma! —yo admiraba su entusiasmo.

—Eso es muy interesante. Lo que usted está diciendo se relaciona con lo que estamos estudiando en su clase acerca de la literatura precolombina y la conquista española.

—¡Exactamente! Ahora bien, ¿estaría usted dispuesto a ayudarme con mi investigación? Necesito ayuda para codificar y catalogar los datos que he recolectado sobre el idioma aymará. Los tengo en centenares de fichas.

Yo no respondí inmediatamente porque no estaba seguro de poder hacer ese trabajo. Viendo mi indecisión, ella dijo:

—Yo le enseñaré cómo hacerlo. No es difícil. Y para pagarle dispongo del dinero que recibo por medio de una beca.

—Gracias, profesora. Me gustaría hacer el intento —me sentía con un poco más de confianza. Luego me explicó cuidadosamente cómo quería que se codificaran y se catalogaran los datos y me dio una llave de su oficina para que yo pudiera hacer el trabajo por las noches o los fines de semana. También me contrató como asistente, corrigiendo tareas y exámenes para sus cursos de español elemental e intermedio.

Mi horario flexible de trabajo para la profesora Hardman de Bautista permitía que yo tuviera otros dos empleos de tiempo parcial. Trabajaba en el laboratorio de idiomas dos horas al día, y los martes y jueves por la tarde daba clases privadas de español a estudiantes de la Bellarmine College Preparatory High School en San José, la cual estaba ubicada a poco más de una milla de la universidad. Trabajaba un promedio de veinticinco horas a la semana.

Yo disfrutaba trabajar en el Bellarmine, pero eso consumía mucho tiempo y era frustrante. Me tomaba aproximadamente cuarenta y cinco minutos ir y volver a pie allí desde el campus, y cuando los estudiantes no se presentaban a la clase yo no recibía ningún pago. Así que traté de obtener otro empleo en el campus aprovechando mi experiencia como conserje. Le escribí una carta al presidente de la universidad, el padre Patrick Donohoe, sugiriendo que se contratara a estudiantes para hacer el trabajo de conserjería en las residencias a cambio de alojamiento y comida. Le planteé que al poner estudiantes a hacer la limpieza se reducían las posibilidades de que los otros estudiantes ensuciaran demasiado sus cuartos y los corredores.

Le describí mi amplia experiencia como conserje y terminé ofreciéndole mis servicios. Nunca recibí respuesta.

Tuve más éxito en mercadear mis habilidades mecanográficas que mi experiencia como conserje. En la secundaria tomé una clase de mecanografía y salí muy bien gracias a mi velocidad y mi exactitud. Era tan rápido que mi mamá decía que yo era una máquina de escribir. "Tienes los dedos rápidos de tanto pizcar fresa y algodón", me decía. Yo contacté a algunos de mis compañeros de clase que tenían aproximadamente mi mismo peso y tamaño y les dije que con gusto mecanografiaría sus trabajos a cambio de ropa o dinero. Así terminé con un bello suéter celeste de alpaca, algunas bonitas camisas rayadas de manga larga y algo de dinero.

Al final del mes, después de pagar mis gastos personales, enviaba a casa cualquier dinero que me hubiera sobrado. No era mucho, pero mi familia lo apreciaba.

En una pérdida

El viernes 22 de noviembre yo estaba emocionado porque en cinco días más iría a casa con motivo de la fiesta de Acción de Gracias, las cuales eran mis vacaciones favoritas. No era la celebración en sí la que tenía mayor significado para mí, sino la época del año en que se daba. En la escuela siempre la celebrábamos, pero en casa no. Desde el tiempo en que yo tenía seis años hasta que tuve trece, nosotros pasábamos los meses de invierno en Corcoran, California, pizcando algodón todos los días, incluyendo el de Acción de Gracias, a menos que lloviera. Usualmente, unos pocos días antes de Acción de Gracias, yo empezaba a ir a la escuela por primera vez cada año. Me encontraba muy atrasado en los estudios pero aun así yo me sentía siempre feliz de regresar a la escuela. Por esta razón el día de Acción de Gracias tenía para mí un significado especial.

La noche del jueves, me acosté a dormir muy tarde porque estuve estudiando para mi curso de historia de la filosofía, que se impartía a las 9:10 de la mañana tres días por semana. Ese viernes unos cuantos de nosotros nos quedamos en el aula después de clase para hacerle al padre Fagothey algunas preguntas relacionadas con nuestras lecturas de *La República* de Platón. Yo estaba tan fascinado por sus explicaciones que perdí el sentido del tiempo y llegué tarde a mi clase de las 10:10 de la mañana, que era historia de los Estados Unidos. Salí corriendo de Montgomery Labs y me dirigí a O'Connor Hall. En el camino me encontré con Smokey, que tenía lágrimas en los ojos.

—¿Qué pasa? ¿Estás bien?

—Balearon a Kennedy —yo no podía creerlo—.

—¿Estás seguro? —le pregunté.

—Completamente seguro —respondió bruscamente.

—Nuestra clase ha sido cancelada. Voy de regreso a nuestro cuarto a escuchar las noticias —dio la vuelta y se alejó en dirección a McLaughlin Hall. Yo seguí caminando rumbo a mi clase, rezando para que lo que me había dicho Smokey no fuera cierto. Al entrar a la clase, noté que las luces estaban apagadas y que todos los pupitres estaban desocupados. El profesor James Hannah, el instructor, estaba inclinado detrás del podio, con la cabeza agachada. Sostenía un pañuelo blanco en su mano derecha y estaba temblando por el dolor. Sus gruesos anteojos, sus libros y sus apuntes para la clase estaban sobre el escritorio. Levantó la vista y me miró, se limpió los ojos y señaló al pizarrón, donde había escrito "Clase cancelada".

Yo me quedé ahí de pie en silencio unos cuantos segundos y luego regresé aturdido a mi residencia. Mientras subía las escaleras hacia el segundo piso del McLaughlin, y mientras caminaba a lo largo del pasillo, podía oír sonar aparatos de radio en varios cuartos sintonizados con las noticias. Cuando llegué a mi cuarto, Smokey estaba sentado ante el escritorio, pegado a la radio. Sus ojos estaban rojos y lagrimosos. Yo sentía un nudo en la garganta. Me senté en el borde de mi cama y me puse a escuchar las noticias.

"Éste es un boletín de Radio KNPR de San Francisco. La caravana del presidente Kennedy recibió tres disparos en el centro de Dallas. Los primeros informes indican que el presidente Kennedy ha sido herido gravemente por los disparos".

Yo me quedé rezando para que él sobreviviera. Durante el tiempo que Kennedy estuvo en campaña para la presidencia, mi mamá lo apoyaba porque él ayudaría a la gente pobre. Y cuando resultó electo, ella dijo: "Me alegro de que Kennedy haya ganado. Él nos infunde esperanza". Sentí ganas de llamarla, pero no teníamos teléfono en casa. Entonces, a eso de las once y media, oímos las trágicas noticias finales: "Desde Dallas, Texas, un cable de la Associated Press ha confirmado que el presidente Kennedy murió a la una en punto, Hora Estándar Central, dos en punto, Hora Estándar del Este".

—¡Oh, no! —exclamó Smokey, golpeando encima de su escritorio con el puño cerrado.

—¡Dios mío! ¿Por qué? —me lamenté. Me sentía impresionado y confuso. Hubo una breve pausa. Entonces el locutor de la radio continuó: "El vicepresidente Lyndon Jonson ha salido del hospital en Dallas . . . Presumiblemente, le tomarán juramento pronto como el trigésimosexto presidente de los Estados Unidos".

Inmediatamente, las campanas de la Misión empezaron a repicar. Mientras las campanas seguían tañendo, Smokey y yo salimos del cuarto y nos juntamos con otros estudiantes, miembros del profesorado, y personal administrativo en la Iglesia de la Misión. Nosotros confluimos en varias corrientes dentro de la iglesia como ríos que se juntan y desembocan en un lago. El padre Theodore Mackin, director del Departamento de Teología, dio la misa. Nosotros oramos y nos condolimos juntos como una familia en crisis, consolándonos unos a otros.

Después de pasar el fin de semana guardando duelo por la pérdida del presidente Kennedy y tratando de hallarle una explicación a todo aquello, empaqué unas cuantas cosas para ir a pasar a casa la fiesta de Acción de Gracias. Al finalizar la tarde del martes, después de clases, Pat Hall y yo le pedimos un aventón a Tom Maulhardt y nos dirigimos al sur en su Volvo blanco por la carretera 101. Estaba lloviendo a cántaros. Pat, que vivía en San Luis Obispo, nos ofreció a Tom y a mí quedarnos a dormir en el Ranchotel de sus padres, el cual era un motel ubicado en el Bulevar de Monterrey al pie de las arboladas colinas al norte de la ciudad. Pasamos la noche en cabañas de estilo español separadas, que eran cálidas y tranquilas y tenían una cama confortable, un baño y un inodoro. Yo me sentía en el paraíso.

Dormimos hasta muy entrada la mañana, tomamos un desayuno tardío en el motel, y pasamos la lluviosa tarde viendo las noticias en la televisión sobre el asesinato del presidente. Discutimos sobre los posibles motivos de su asesinato y nos preguntábamos si Lee Harvey Oswald había actuado solo o si había sido contratado para cometer el crimen. Estuvieron pasando una y otra vez el pasaje de la filmación en el cual el presidente Kennedy es impactado por las balas, su esposa se arrastra hacia la cajuela de la limusina convertible y un agente del Servicio Secreto corre detrás del coche, salta sobre la parte trasera y la empuja de regreso hacia el interior del coche antes de cubrir con su propio cuerpo a ella y al presidente. Esas imágenes quedaron grabadas en mi mente. Ellas me recordaron las historias que me contaba mi papá sobre la época en que él participó en la Rebelión de los Cristeros en México en 1926. Él tenía dieciséis años y fue herido en la rodilla y encarcelado durante seis meses. "Aquéllos fueron tiempos duros", me decía. "Se sentía el olor de la muerte en el aire. Los campos estaban regados con sangre y los hombres colgaban de los árboles como frutas podridas". Yo no podía entender la violencia, la cual me asustaba y me confundía.

A inicios de esa tarde, Tom y yo le agradecimos a Pat por su hospitalidad y salimos de San Luis Obispo a bordo del coche. Estuvo lloviendo durante todo el camino hacia Santa Maria. Tom me dejó en la casa de mi hermano mayor, en Donovan Road, el cual no quedaba tan lejos de su ruta como el Racho Bonetti, y continuó rumbo a su casa que estaba en Oxnard. Roberto y su familia se habían mudado desde su pequeño apartamento a una casa de dos dormitorios.

—¡Qué agradable sorpresa! Es un placer verte —dijo Darlene, dándome un caluroso abrazo y un ligero beso en la mejilla.

—De verdad que lo es, Panchito —dijo Roberto, rodeándome con sus brazos.

—Yo también estoy encantado de verlos. Espero que no les moleste que haya venido primero aquí, antes de ir a mi casa. Le salía más fácil a Tom dejarme en esta casa.

—Claro que no nos molesta. Te llevaré en nuestro coche a casa después que conversemos un rato —dijo Roberto.

—¿Cómo está la pequeñita Jackie?

—La acabamos de acostar. Ella se va a poner muy emocionada de verte —dijo Darlene.

—Se interesa por todo, quiere saberlo todo y tiene una gran imaginación —dijo Roberto orgullosamente—. Salió a su tío favorito. El otro día estábamos sentados a la mesa del comedor y ella estaba mirando el candelabro. Tú sabes que tiene bombillos con unas sombras encima de ellos, que parecen vasos de beber, y entonces dijo:

"Mira, papi, los vasos se están bebiendo la luz." Todos nos reímos y estábamos todavía riéndonos cuando tocaron el timbre de la puerta. Roberto miró su reloj pulsera.

—No estamos esperando a nadie —se levantó y abrió la puerta—. Mamá, ¿qué ha pasado?

Mi mamá entró trastabillando y llorando histéricamente. El frente de su suéter abotonado estaba manchado con gotas de sangre. Su labio superior estaba hinchado y su cabello estaba húmedo y despeinado.

—Mamá, por favor cálmese —dije yo, abrazándola. Sentí latir mi corazón apresuradamente, pensando que ella había sufrido un accidente—. ¿Qué le pasó? ¿Está lastimada?

—Ay, mijo, no, no... es tu papá, tu papá... —Roberto y yo la sentamos ante la mesa de la cocina. Darlene llevó una de las cobijitas de Jackie, envolvió con ella los hombros de mi mamá y le limpió la cara con una pequeña toalla.

—¿Está lastimado? —la voz de Roberto era temblorosa.

—Él ha estado tomando... se montó en el coche con Trampita, aceleró, perdió el control y terminó en una zanja, cerca del rancho. Él no se lastimó, gracias a Dios. Trampita estaba muy asustado. Dijo que tu papá se desplomó sobre el volante y se puso a llorar. Trampita lo sacó del carro y se lo llevó de arrastras a la casa. Tu papá les gritó a Torito y a Trampita y los corrió de la casa. Yo dejé a Rorra, Rubén, Trampita y Torito en el rancho con Joe y Espy... ¡Ay, mijo, ya no sé qué hacer!

—Él la golpeó, ¿verdad? —dije yo enojado. Recordé la vez que mi papá me abofeteó en el rostro con el dorso de su mano derecha cuando él amenazó pegarle a mi mamá y yo intervine.

—Lo hizo, pero fue sin querer, mijo —dijo ella sollozando y tocándose levemente el labio lastimado y alisando el frente de su suéter. Me miró, luego bajó la cabeza y añadió—. No pudo mantener el equilibrio y cuando estaba a punto de caerse traté de agarrarlo y accidentalmente me pegó con el codo —yo traté de mirarla a los ojos, pero ella desvió la vista.

—¿Está él ahora en la casa? —preguntó Roberto.

—Sí, mijo, pero yo no quiero regresar, tengo miedo —ella se frotó las manos y empezó de nuevo a sollozar.

—No se preocupe, mamá, usted quédese aquí con Darlene. Panchito y yo iremos al rancho y hablaremos con él.

El viejo DeSoto estaba estacionado frente a la casa, detrás

del coche de Roberto. Nosotros nos montamos en su auto y nos dirigimos al Rancho Bonetti. Mi hermano y yo íbamos callados. Cada uno sabía lo que el otro sentía. Al doblar hacia la East Main Street y cruzar el camino de Suey, pensé en la emoción que yo solía sentir siempre que nuestra familia regresaba al Rancho Bonetti cada año a finales de diciembre o inicios de enero, después de que terminaba la cosecha de algodón en Corcoran.

Una vez que doblamos hacia el rancho, Roberto manejó más despacio, dando saltos arriba y abajo y dando bandazos de un lado hacia el otro, cuando las llantas pasaban sobre los baches llenos de agua. Estaba muy oscuro y lloviznaba. Roberto estacionó frente a nuestra barraca y sacó de la cajuela del coche una pequeña linterna de mano, la enfocó en dirección a la casa y gritó repetidamente:

—Papá, ¿está usted bien?

Los perros vagabundos ladraban cada vez que oían nuestras voces. Nos acercamos lentamente a la casa y encontramos a mi papá gimiendo y tendido en el patio delantero, cerca de un nopal quebrado. Tenía espinas de cactus clavadas en el mentón y en las manos. De su boca goteaba sangre.

—Papá, aquí estamos para ayudarle —dije yo, frotando su hombro derecho.

Él murmuró algo y trató de sonreír. Su aliento olía a alcohol. Roberto y yo le ayudamos a levantarse y lo sentamos en las gradas del frente. Un pequeño revólver cayó del bolsillo de su pantalón. Roberto y yo nos miramos uno al otro asombrados.

—¿Qué está haciendo con un revólver? —preguntó Roberto.

Mi papá de nuevo murmuró algo incomprensible. De repente, unos rayos de luces rojas y amarillas atravesaron la oscuridad, y se oyó el sonido de una sirena.

—Allí viene la chota —dijo mi hermano. Alguien debió haber llamado a la policía. El coche policial frenó dando un chirrido detrás del coche de mi hermano y nos envolvió la luz de un foco. Miré hacia abajo, tratando de evitar la cegadora luz tal como lo había hecho cuando hombres armados vestidos de uniforme invadieron el campamento de migrantes en Tent City, moviéndose a través de las carpas, buscando a los trabajadores indocumentados. Me sentía como el niño asustado que era yo en aquel entonces. Los oficiales de policía se nos acercaron y nos pidieron que nos identificáramos. Ellos explicaron que habían recibido una llamada diciendo que se habían oído disparos procedentes de nuestra casa. Entonces uno de los oficiales recogió el revólver, que estaba en el suelo cerca de las gradas.

—¿Esto es suyo? —preguntó en un tono áspero y apuntando con su foco directamente al rostro de mi papá. Sus ojos enrojecidos estaban desenfocados y su cuerpo endeble y flojo se doblaba hacia delante. Mi papá masculló una respuesta y apartó bruscamente la cara.

—¿Es suyo este revólver? —repitió el oficial.

—Nuestro padre no entiende el inglés —dijo Roberto. El oficial hizo un gesto de disgusto. Roberto continuó—. Sí, el revólver es de él, pero está desorientado; no le quiere hacer daño a nadie.

—Quizás no a ustedes, ¿pero qué tal si se hiere a sí mismo? —respondió el policía—. Creo que es mejor que lo tomemos bajo custodia por esta noche hasta que recobre la sobriedad. Ustedes pueden ir mañana por la mañana a la estación de policía para recogerlo.

Los policías confiscaron el revólver, esposaron a mi papá, lo empujaron hacia el asiento trasero del coche policial y se lo llevaron. Roberto y yo estábamos desconcertados. Regresamos a la casa de mi hermano, le dijimos a mamá lo que había sucedido y le aseguramos que mi papá estaba a salvo. Ella se calmó un poco, pero sollozó durante todo el tiempo que yo conduje el coche hacia el Rancho Bonetti. Esa noche ninguno de nosotros durmió.

A la mañana siguiente, día de Acción de Gracias, mamá, Trampita y yo fuimos a la estación de policía de Santa Maria para recoger a mi papá. Mis hermanos menores y mi hermana se quedaron en casa con nuestros vecinos Joe y Espy. Roberto se nos unió en la estación y los cuatro juntos esperamos nerviosamente en la antesala, después de habernos reportado en la recepción. Un momento después, de repente vi a mi papá que arrastraba los pies al avanzar por el corredor. Lo acompañaba un oficial de la policía. Sus zapatos estaban desabrochados y llevaba su arrugada camisa descolorida parcialmente fajada en sus sucios pantalones kakis. Estaba pálido, sin afeitar, y tenía profundas ojeras y los ojos enrojecidos.

—¿Cómo están? —preguntó, saludándonos con una inquietante sonrisa.

—Bien, papá —respondimos Roberto, Trampita y yo. Roberto le dio un abrazo y Trampita y yo lo abrazamos también. Pero, extrañamente, me sentía incómodo y distante. Mamá estaba de pie detrás de nosotros.

—¿Cómo se siente? —preguntó ella. Su tono de voz sonó frío. Mi papá no respondió.

El oficial de policía llamó a mamá a la recepción para firmar unos papeles y después de firmarlos, salimos de la delegación policial. Todos íbamos callados. Trampita abrió la puerta trasera de nuestro DeSoto y Roberto y yo ayudamos a mi papá a sentarse en el asiento trasero. Él se deslizó en el asiento y le ordenó a mamá que se sentara junto a él. Ella se negó. Ésa fue la primera vez que yo había visto a mamá desobedecer a mi papá. Ella me pidió las llaves del coche, yo se las entregué y ella manejó llevándonos de regreso a casa.

Sorpresas navideñas

Después de la fiesta de Acción de Gracias me sentía confuso y triste acerca de mi vida hogareña. Logré encontrar alegría y consuelo asistiendo cada mañana a la misa de las seis con Smokey, quien se había unido a la Sociedad del Altar. Pero yo necesitaba hablar con alguien en el campus que me escuchara y me ayudara a aclarar mis sentimientos. Me las arreglaba para realizar las tareas que nos asignaban y para asistir a clases, pero mi mente no estaba concentrada en los estudios. El padre Bartholomew O'Neill, sacerdote jesuita y mi profesor de historia de la cristiandad, notó mi falta de atención en clases. Al inicio de una clase, me hizo una pregunta basada en el tema de su conferencia y no pude responderla. Otro día, tuvo que repetirme una pregunta dos veces porque yo no estaba escuchando. En ambas ocasiones me sentí avergonzado y me disculpé. A la tercera vez que sucedió esto me pidió que lo viera en su oficina. Fui a verlo durante sus horas de oficina.

—Te he estado esperando —me dijo, con su profunda y

ronca voz, cuando entré. Se levantó de su silla ubicada detrás de un escritorio de madera y me indicó que tomara asiento. Su figura alta y delgada, vestida con una larga sotana negra y cuello romano, dominaba la oscura oficina. Tenía cara alargada color moreno, ojos hundidos color marrón y tupidas cejas, cabello corto y grandes entradas en la frente. Los estudiantes se referían a él como "Jake el Temblón", porque temblaba ligeramente cuando hablaba o escribía en la pizarra. Se volvió a sentar, entrelazó sus manos grandes y las colocó sobre el escritorio—. En los últimos días, te he visto distraído y desconectado de la clase. ¿Cuál crees que sea el problema?

—Lo siento, padre —yo sentía un ardor en la cara—. A mí me gusta mucho su clase, pero estoy atravesando grandes problemas en mi casa —mis ojos se humedecieron y sentí un nudo en la garganta.

El padre O'Neill se inclinó hacia delante.

—¿Quisieras decirme qué clase de problemas? —su voz se suavizó y agregó—: Cualquier cosa que me digas tendrá carácter confidencial —procedí entonces a explicarle la situación en mi hogar y el dolor y la culpa que sentía por no poder ayudar a mi papá a aliviar sus padecimientos o por no poder enviar a casa más dinero. Él me escuchó pacientemente. Al darme cuenta de cuánto me había extendido hablando, yo me disculpé.

—No necesitas disculparte —dijo—. Puedo apreciar la gravedad de tu situación. Pero no debemos desesperarnos. Las cosas suceden por alguna razón, y nosotros debemos tener fe y confianza en Dios, que las cosas van a mejorar para ti y tu familia, ¿de acuerdo?

Sí, pero... ¿cuándo?, pensé yo en silencio. Él me miró directamente a los ojos, esperando una respuesta.

—Sí, padre, gracias —dije después de una larga pausa.

—Bien. Me alegro de haber tenido esta oportunidad de platicar contigo —miró su reloj y añadió—: Me gustaría que siguiéramos conversando, pero debes disculparme. Tengo que asistir a una reunión. Por favor ven a verme el jueves después de clase. Mientras tanto, voy a dar una misa por ti y tu familia —yo le agradecí y abandoné su oficina sintiéndome mucho mejor y agradecido.

El siguiente día de clases él me pidió que diéramos una caminata después de la clase. En nuestro paseo pasamos por la Iglesia de la Misión y Saint Joseph´s Hall, que era la residencia de los jesuitas.

—Levanta tu mentón —me dijo. Sorprendido, le respondí:

—Yo siempre miro hacia abajo cuando camino. Supongo que es un hábito.

—Bueno, pues deja ese hábito. Camina siempre erguido y con tu mentón en alto como don Quijote —él miró directamente hacia delante—. Con un nombre como el tuyo, deberías estar orgulloso de tu herencia española.

—Yo estoy orgulloso de mi herencia mexicana —dije.

—Muy bien, así es como debe ser —dijo él, mirándome y

sonriendo. Mantuve mi cabeza en alto mientras seguimos caminando.

—¿Eres miembro de Sodality? —me preguntó cuando entrábamos a los jardines de la Misión.

—¿Sodality? No, no lo soy —*¿Por qué me preguntaría eso?*, pensé. Lo único que sabía sobre Sodality era que se trataba de una organización católica estudiantil.

—Muchos de los líderes estudiantiles del campus son miembros de ella. El padre John Shanks es el moderador. Él enseña filosofía. Deberías hablar con él para que presentes tu solicitud de ingreso. Lo voy a llamar para avisarle que vas a ir a buscarlo.

Yo no estaba entusiasmado porque me preocupaba el tiempo que eso iba a requerir. Sin embargo, acepté hacerlo por respeto al padre O'Neill.

El siguiente día, a través del correo del campus, recibí una nota del padre Shanks pidiéndome que lo viera esa tarde. Él era el sacerdote residente del primer piso de Walsh Hall, el cual estaba contiguo a McLaughlin Hall, donde vivíamos Smokey y yo. Cuando llegué a su cuarto, el número 101, me invitó a entrar, se presentó y me pidió que me sentara en un sofá colocado frente a su escritorio, que estaba cubierto de papeles y libros dispersos. Detrás de su escritorio había una pequeña ventana enrejada que daba a la calle. Su larga y negra sotana le quedaba ajustada alrededor de su cuerpo bajo y fornido. Se sentó frente a mí, encendió un cigarrillo, sonrió y dijo:

—El padre O'Neill me dice que eres un buen candidato para Sodality. ¿Estás interesado? —hablaba rápida y enérgicamente.

—Sí, pero no sé bien en qué consiste —respondí.

—Bueno, déjame explicártelo —dijo—. Luego tú podrás decidir si deseas o no ser considerado como candidato —dio una chupada a su cigarrillo y continó—. Sodality of our Lady no es sólo una organización religiosa sino también una forma de vida. ¿Qué quiero decir con esto? Básicamente, la clave de la vida en Sodality es una constante lucha por ir siempre más allá, por ir siempre más adelante. Eso requiere dar una plena respuesta al llamado de Cristo, transmitido a través de los evangelios. Los miembros de Sodality son líderes y no seguidores —enfatizó estas últimas palabras—. Ellos quieren no sólo llevar una vida cristiana, sino vivirla en su más plena dimensión. A diferencia del joven rico del Nuevo Testamento, los sodalistas dirán siempre sí a todo lo que Cristo exija de ellos —hizo una pausa, se quitó sus anteojos redondos con marco de alambre y se limpió los ojos y la frente con un pañuelo. Luego encendió otro cigarrillo y me preguntó—: ¿Tú eres un líder o un seguidor?

Su pregunta me tomó por sorpresa y me hizo sentir incómodo. Tras una larga pausa, respondí: —No estoy seguro. En la secundaria organicé una recolección navideña de alimentos para familias necesitadas y me postulé para presidente del alumnado y gané, pero aquí no me he involucrado en actividades extracurriculares.

—¿Por qué no?

—No he tenido tiempo.

—¿Acaso tenías tiempo en la secundaria?

—En realidad, no. Trabajaba desempeñándome como conserje.

—Entonces, ¿por qué coordinaste la recolección de alimentos y te postulaste para presidente, si no tenías tiempo?

Yo pensé en eso un momento.

—Organicé la recolección de alimentos porque quería ayudar a las familias mexicanas pobres de Santa Maria que vivían en los campamentos de trabajadores migrantes, como el campamento donde vive mi familia. Y me postulé para presidente del alumnado porque quería que los hijos de esas familias migrantes y otros como ellos estuviesen representados en el gobierno estudiantil. También —agregué—, un buen amigo mío me animó para que me postulara.

—Déjame repetirte la pregunta: ¿Eres un líder o un seguidor?

Yo no sabía qué responder. ¿Por qué me estaba haciendo pasar un mal rato?

—Déjame decirte lo que yo creo que es un líder —dijo, después de esperar pacientemente una respuesta sin obtenerla—. Un líder es alguien que ve una necesidad que debe ser satisfecha, consigue la ayuda de otras personas y procede a resolverla de la mejor forma que pueda encontrar, sin comprometer su integridad. Y, lo que es más importante, un líder tiene un alto sentido de la responsabilidad. Asume la responsabilidad y da algo de sí mismo para resolver un problema. Los seguidores, en cambio, son aquéllos que están dispuestos a ejecutar esta o aquella tarea, pero sin llegar a estar personalmente involucrados en ella. Ellos asisten a las reuniones pero no ven ninguna necesidad para contribuir; ellos realizan encargos pero no toman nunca la iniciativa; ellos tratan de llevar buenas vidas pero nunca perciben su responsabilidad como "guardianes de mi hermano", en el sentido más amplio del Cuerpo Místico de Cristo —se detuvo.

Oh, no, ¡me va a hacer otra vez la misma pregunta!, pensé. Debe de haber notado mi incomodidad, porque se sonrió y dijo:

—Yo a veces hago preguntas para inducir a los estudiantes a pensar. No espero necesariamente que ellos me las respondan. Eso es lo que hacemos nosotros los filósofos: plantear preguntas.

Yo me sentí aliviado.

—¿Aún estás interesado en integrarte? Esa pregunta sí espero que me la respondas —dijo riéndose.

—Sí, padre, estoy muy interesado —aquello me daría la oportunidad de practicar mi fe y de profundizarla. Me limpié las manos sudorosas en el regazo.

—Me alegro —dijo—. Ahora, déjame preguntarte, ¿cuál es la carrera a la que aspiras?

—Quisiera ser maestro —respondí de inmediato. Desde que estaba en el sexto grado, había querido ser maestro debido al señor Lema, que en esa época era mi instructor. Aunque él no hablaba español y yo no hablaba bien el inglés, logramos entendernos mutuamente y nos hicimos buenos amigos. El señor

Lema era atento y generoso. Durante la hora de almuerzo, me ayudaba a adelantar con el inglés y yo en cambio le enseñaba a pronunciar los nombres hispanos de las ciudades californianas. Cuando le dije que me gustaba la música, especialmente los corridos mexicanos, él se ofreció a enseñarme a tocar la trompeta, que era mi instrumento favorito. El día que yo iba a recibir mi primera lección, mi familia se mudó a otro campamento de trabajadores migrantes y nunca volví a ver al señor Lema de nuevo. Sin embargo, yo nunca lo olvidé. Quería ser un maestro tal como él.

—Excelente —dijo el padre Shanks—. Nosotros sólo seleccionamos a aquellos que están decididos a cumplir con las más altas aspiraciones de sus corazones. Este programa combina la formación espiritual y apostólica con el entrenamiento para el liderazgo, a fin de prepararte para ejercer un mayor impacto sobre la sociedad. Como maestro, sin duda tendrás la oportunidad de marcar una diferencia.

Al llegar a este punto yo estaba seguro de que deseaba pertenecer a la organización. El padre Shanks continuó:

—Si eres aceptado, se te pedirá servir en una de varias células. Cada célula se concentra en algún aspecto de la actividad apostólica. Por ejemplo, la célula pedagógica envía a los estudiantes todas las noches, de martes a jueves, a East San José, para ayudar a estudiantes destacados de secundaria que luchan con sus estudios y necesitan un estímulo. La célula de Amigos Anónimos coopera con la universidad como parte de una organización nacional que envía a estudiantes universitarios a algunas de las zonas más pobres de México para trabajar en las comunidades durante un verano.

—Me gustaría... es decir, si fuese aceptado, me gustaría participar en la célula de Amigos Anónimos —dije con entusiasmo—. Yo en la actualidad ya doy clases privadas de español a estudiantes en el Bellarmine.

—Muy bien, esa parece una buena opción —dijo—. Ahora bien, el padre O'Neill me habló afectuosamente de ti y yo sé algo de ti en base a nuestra conversación, pero quisiera saber algo más sobre tu persona y tus antecedentes —debido a que él era un sacerdote, yo me sentía en confianza para contarle acerca de mi familia y nuestra experiencia de migrantes y las dificultades que estaba pasando para pagar la universidad y tratando de ayudar a mantener a mi familia.

—Ya veo —dijo él, pensativamente, cuando yo hube terminado. Levantó la vista, cerró los ojos por un momento y frunció el entrecejo. Luego fue a su escritorio y sacó una carpeta, hurgó dentro de ella y dijo—. Deberías solicitar para ser un prefecto para el próximo año. Eso te cubriría tus gastos de alojamiento y alimentación. Ve a la oficina del decano de los estudiantes y pide de inmediato una solicitud. La evaluación y la selección se harán la primavera que viene.

—Definitivamente, voy a solicitar. ¡Gracias!

El padre Shanks arrojó la carpeta de vuelta a su escritorio, se sentó de nuevo y dijo:

—Respecto a Sodality... Bueno, me parece que eres un buen candidato. Yo aceptaré tu candidatura y en algún momento del próximo año, en abril, haremos una evaluación y decidiremos si eres admitido o no. Sin embargo, yo no anticipo ningún problema.

—Gracias, padre. Haré lo que esté a mi alcance para cumplir sus expectativas —me sentía orgulloso de que me hubiera aceptado como candidato. Él se ajustó los lentes, sonrió y asintió con la cabeza.

El último día de clases antes de las vacaciones de Navidad, el padre O'Neill me pidió de nuevo que fuera a verlo durante sus horas de oficina. Parecía estar más feliz que de costumbre.

—Hice contacto con Marian Hancock, una buena amiga mía en Santa Maria, y le pregunté si te podía dar un empleo durante las vacaciones navideñas. A continuación me explicó que debía contactar a Margie Williams, que era la secretaria personal de la señora Hancock, cuando yo llegara a casa. Me dio su dirección y su número telefónico y me dijo que yo iba a entregar los regalos navideños a los amigos y los empleados de la señora Hancock.

—No puedo agradecerle lo suficiente por todo lo que usted ha hecho por mí —le dije.

—Oh, no me agradezcas a mí. Agradécele a Dios. Él está pendiente de ti —buscó en la gaveta de su escritorio, sacó una naranja y me la dio. A mí no me pareció extraño porque otros estudiantes me habían dicho que el padre O'Neill también les daba frutas o dulces, cuando ellos lo visitaban en su oficina. Yo le agradecí y le deseé una feliz Navidad. Cuando salía de su oficina, él dijo:

—¡Asegúrate de solicitar para el trabajo de prefecto!

El sábado 14 de diciembre conseguí un aventón a casa con

Dan McCoy, un compañero de clase que vivía en Los Ángeles. Yo estaba emocionado porque iba a ver a mi familia y ansioso por contarles sobre mi nuevo empleo durante las vacaciones navideñas. Mi esperanza era que mi papá estuviera mejor y en una de sus escasas rachas de buen humor. Dan me dejó en la casa de mi hermano a finales de la tarde. La pequeñita Jackie corrió a encontrarme en la puerta y rodeó mi pierna derecha con sus bracitos. Yo la levanté, le di un besito y le hice cosquillitas. Ella se rió y trató de agarrarme la nariz. Roberto y Darlene se rieron. Ellos me dieron un caluroso abrazo y luego cruzaron entre ellos una mirada.

—Vamos a jugar con tus muñecas —dijo Darlene, llevando a Jackie a su cuarto y cerrando la puerta.

—¿Sucede algo malo? —pregunté.

Roberto miró hacia el cuarto de Jackie y dijo en un susurro:

—Papá se fue —sus labios le temblaban.

—¿Cómo que se fue?

—Regresó a México hace una semana.

Yo estaba aturdido. Sentí un dolor en el pecho y me quedé sin habla. *Esto no puede estar sucediendo*, pensé. Pasados algunos segundos, logré preguntar:

—¿Por qué no me lo dijeron antes?

—Nosotros no queríamos perturbarte en tus estudios.

—¿Y cómo están mamá, Trampita, Rorra...?

—A ellos les está resultando muy duro también. Vamos, a ellos les alegrará verte.

En nuestro camino al Rancho Bonetti, Roberto procedió a

contarme sobre la partida de papá. Dos días después que yo regresé a la universidad, después de la fiesta de Acción de Gracias, mi papá tuvo una crisis nerviosa e insistió en regresar a México. Él empacó sus pertenencias en cajas de cartón y le pidió a mi hermano que las enviara por tren a mi tía Chana, la hermana mayor de mi papá, que vivía en Tlaquepaque, un pueblecito cerca de Guadalajara donde yo nací. Mi mamá y Roberto trataron de convencerlo para que se quedara, pero él se negó, diciendo que no quería seguir siendo una carga para nuestra familia, que él no valía nada, que era un inútil. Él sentía que era una desgracia no poder mantener a nuestra familia. Entonces le ordenó a mi hermano que lo llevara en el coche a la estación de Greyhound y le comprara un boleto de ida a Tlaquepaque. Mi hermano intentó persuadirlo de que no se fuera, pero mi papá no aceptó que su voluntad fuera contrariada. Roberto compró el boleto, le dio algún dinero y le ayudó a abordar el autobús.

—Fue muy triste para mí verlo partir —dijo Roberto aferrando fuertemente el volante—. Él estaba llorando al momento de irse.

—Quizás allá se mejore —busqué decir algo que nos animara—. Nuestra tía Chana lo va a cuidar bien.

—Él llevó en el autobús tu foto de la ROTC —dijo Roberto. Me imaginé ver a mi papá por la ventana del autobús, llorando y despidiéndose con la mano.

Apenas entré en la casa, sentí la ausencia de mi papá. Mi mamá se veía cansada y abatida. Rorra y Rubén se aferraban a los costados de mamá, y Torito y Trampita tenían la tristeza reflejada en los ojos. Se alegraron de verme, pero no estaban de buen humor.

—Puedo ver en tu cara, mijo, que Roberto ya te contó —dijo mamá, alisando su mandil sucio. Yo asentí con la cabeza. Rorra comenzó a llorar.

—¡Papá nos dejó! Él ya no va a regresar.

—No, mijita, él va a regresar. Se fue a vivir con tu tía Chana por unos días, hasta que se cure —dijo mamá—. Él está muy enfermo. ¿Recuerdas lo flaco que estaba cuando se fue? Necesita ayuda. Regresará pronto, nomás esperen y verán —mi hermana hundió la cara en el regazo de mamá y rompió en sollozos.

—Él me rompió el corazón —dijo Torito, llorando—. Sueño con él todas las noches y lo veo en la cama, fumando cigarrillos. Puedo hasta sentir el olor del humo.

—Lo echo mucho de menos —dijo Rubén, pegándose aún más al costado de mamá.

Roberto recobró la compostura y se aclaró la garganta:

—Mamá tiene razón —dijo él—. Papá regresará cuando se mejore.

—Así será —dije yo, recordando las palabras del padre O'Neill: *Todo sucede siempre por alguna razón. Debemos tener fe y confiar en Dios.*

Yo me fijé entonces en Trampita, que estaba de pie a un lado, con los brazos cruzados y sacudiendo la cabeza. Él captó mi mirada. Sus ojos oscuros se llenaron de lágrimas.

—Es mejor que te vayas a casa, mijo, Darlene te está esperando —le dijo mamá a Roberto.

Después que él se fue, mi familia y yo cenamos, pero ninguno de nosotros comió mucho. Hablamos muy poco y procurábamos no mirar el lugar vacío de la mesa donde mi papá solía sentarse. Una vez que Rorra, Torito y Rubén se acostaron, Trampita, mi mamá y yo nos quedamos levantados hablando acerca de mi papá.

—Papá no volverá nunca —dijo Trampita—. Él regresó a su hogar.

—¿Qué significa eso de que él regresó a su hogar? —objetó mamá.

—México siempre ha sido su hogar. Él nunca se sintió a gusto viviendo en este país. Se sentía como un extraño. Físicamente, él estaba aquí, pero su mente y su alma estaban siempre en México. Recuerden, su sueño era ganar y ahorrar suficiente dinero para poder regresar en algún momento a México con toda nuestra familia.

—Tienes razón, Trampita —respondió mamá—. Pero aun así yo voy a rezar para que regrese.

—Tú también eres un soñador —me dijo Trampita.

—Porque estamos llenos de esperanza —dije yo.

—Y de fe —agregó mamá, orgullosamente—. Si no tenemos fe ni esperanza, ¿qué otra cosa nos queda?

No di la talla

"**C**uando tengan un empleo, siéntanse agradecidos. Y nunca rechacen el trabajo," decía a menudo mi papá. Por eso es que yo lamentaba no tener la oportunidad de decirle personalmente que, además de trabajar para la Santa Maria Window Cleaners, yo también iba a estar trabajando para la señora Hancock durante las vacaciones de Navidad. *Él estaría orgulloso de mí,* pensé cuando salía de mi casa para ir a ver a la señora Margie Williams, la secretaria personal de la señora Hancock. Busqué el número telefónico y la dirección que me había dado el padre O'Neill y la llamé desde un teléfono público en la gasolinera Texaco que estaba ubicada en la Main Street.

—He estado esperando tu llamada —dijo ella—. Ven ahora mismo.

Cuando llegué, me saludó en la puerta y me invitó a pasar. Un dulce olor a canela y menta llenaba el ambiente. En un rincón de la sala se encontraba un árbol grande de Navidad, coronado con un ángel y enrollado con una sarta de luces blancas, rojas, verdes y amarillas. La señora Williams era pequeña.

Tenía ojos celestes, cabello castaño corto y mejillas sonrosadas. Me presentó a su marido, que era alto y robusto.

—Debes conocer a nuestro hijo, Ken —dijo él, señalando una foto de graduación colocada en una repisa junto al hogar.

—Por supuesto —lo recordaba de la escuela secundaria—. Él iba un año detrás de mí. ¿Dónde está ahora?

—Está en el primer año de la universidad —dijo él orgullosamente—. Él también se acuerda de ti. Hablé con él anoche por teléfono y me pidió que te saludara.

—Por favor, salúdelo también de mi parte, la próxima vez que hable con él —respondí. Me sentía más en confianza sabiendo que el hijo de ellos y yo nos conocíamos.

El señor Williams se puso su abrigo, se despidió de nosotros y se fue a su trabajo. Por un instante se me vino a la mente la imagen del rostro de mi papá la última vez que lo vi. La señora Williams me explicó entonces que la señora Marian Hancock le había dado a ella una lista de personas a las que quería darles regalos navideños. La señora Williams iba a comprar los regalos y yo iba a entregarlos en nombre de la señora Hancock el fin de semana anterior a la Navidad. Me sentí decepcionado al saber que el trabajo era sólo por dos días, pero aun así estaba feliz de tenerlo.

El siguiente sábado por la mañana regresé a la casa de la señora Williams, listo para empezar en mi nuevo empleo. Su sala de espera parecía un enorme cofre de tesoro. Estaba lleno de regalos navideños chicos y grandes, envueltos en papel vistoso, con diferentes diseños y figuras: estrellas y ángeles, Frosty el hombre de nieve, luces estrelladas, renos en vuelo y ositos de peluche. Ella me ofreció una taza de chocolate caliente y después que me la tomé dijo:

—Tú conducirás la camioneta de la empresa para ir a entregar los regalos —me alegré de no tener que manejar nuestro viejo DeSoto—. He clasificado los regalos de acuerdo a las ciudades y las vecindades para facilitar tu tarea. Aquí hay un mapa y una lista de los nombres con las direcciones.

Cargué la camioneta y entregué regalos esa mañana en lugares y casas que yo no sabía que existían. Las casas de Lake Marie Estates, cerca del Country Club de Santa Maria, tenían grandes patios frontales con céspedes muy verdes, setos podados estilizadamente, cercas enrejadas y jardines floridos. Algunas incluso tenían piscinas y anchas calzadas de acceso empedradas o de ladrillos rojos.

Bajo la pálida luz de la tarde, me dirigí a la base de la Fuerza Aérea Vandenberg, cerca de Lompoc, y dejé los regalos para los militares en el portón, ya que no tenía permiso para entrar en la base. Me sentí defraudado porque yo quería ver los campos de prueba de misiles. Recordaba haber oído muchas veces el explosivo sonido de los misiles que eran disparados periódicamente desde la base cuando pizcábamos fresas para Ito durante el verano. Disparaban directo al aire atravesando las nubes vagabundas, dejando una larga estela de humo blanco.

El domingo recogí la camioneta, terminé las entregas a media mañana y la devolví a la señora Williams.

—¡Vaya, lo hiciste rápido! —dijo ella, sonriendo—. Hiciste

un buen trabajo. Aquí tienes un regalo navideño para ti, de parte de la señora Hancock —me entregó una caja grande forrada en papel celeste con unas figuras de palomas de la paz—. Anda, ábrelo.

Yo quité cuidadosamente el papel de envolver, lo doblé y abrí la caja. Adentro había una preciosa chaqueta reversible en blanco y azul oscuro que tenía una capucha.

—Es impermeable —añadió ella. Yo no tenía ninguna chaqueta impermeable ni capote.

—¡Gracias! ¿Podría usted por favor agradecer de mi parte a la señora Hancock?

—Puedes darle las gracias personalmente. Ella quiere conocerte, voy a llamarla para ver si hoy puede recibirte. Por favor, siéntete como en tu casa —salió del cuarto. Me senté en el sofá y me puse a admirar un pequeño retablo navideño que estaba en un extremo de la mesa y a escuchar los villancicos navideños que tocaban suavemente en el estéreo. A los pocos minutos ella regresó y me dijo emocionada—. Te recibirá con gusto esta tarde.

Yo quería averiguar algo sobre la señora Hancock antes de ir a encontrarme con ella, pero no estaba seguro de cómo preguntar en una forma adecuada. Aventurándome un poco, dije:

—Tengo curiosidad por saber si el Allan Hancock College tiene algo que ver con el nombre de la señora Hancock—. Allan Hancock College era una universidad comunitaria en la ciudad de Santa Maria. Después de casarse, Roberto había asistido allí, tomando clases de carpintería por las noches para hacer muebles para su casa.

—Pensé que lo sabías —respondió ella. Cuando yo me son-
rojé, ella agregó:

—Bueno, en realidad no hay ninguna razón para que tú ten-
gas que saberlo. Muchos otros lo ignoran también —explicó que
el *college* estaba ubicado en el sitio que ocupaba antes el Hancock College of Aeronautics, el cual fue fundado por el señor
Hancock y era donde se entrenaban los pilotos para prestar servicio durante la Segunda Guerra Mundial. Después de la
guerra, él cedió la tierra en arriendo al Santa Maria Junior College por un dólar al año y, cuando se construyó el nuevo campus, lo nombraron Allan Hancock College.

—Es un hombre muy generoso —dije.

—Un hombre extraordinario. Él posee y administra la granja
Rosemary Farms y el ferrocarril Santa Maria Valley Railroad,
que corre entre Santa Maria y Guadalupe. Su locomotora de
vapor favorita era la "Old Twenty-one". Ahora es una pieza de
museo. ¿La has visto?

Cuando llegamos por primera vez a Santa Maria desde
México, yo miraba pasar los trenes detrás del campamento de
carpas para trabajadores migrantes en el que vivíamos. Roberto
y yo jugábamos en los rieles del ferrocarril y esperábamos siempre que fuera mediodía para ver pasar el tren. Siempre nos preguntábamos de qué lugar vendría. Lo llamábamos El Tren de
Mediodía. ¿Podría éste haber sido el mismo?

—¿Has visto la locomotora? —repitió la señora Williams.

—Lo siento —respondí— No, no la he visto, pero me gustaría verla.

Ella entonces me contó que la máquina se encontraba cerca de las oficinas del ferrocarril en South McClelland y sugirió que fuera a verla algún día.

—Ah, caramba, casi se me olvidaba. Tienes que ponerte en camino de inmediato —apuntó la dirección de la señora Hancock en un pedazo de papel y me lo entregó— .Rosemary Farms es muy accesible...

Yo había visto muchas veces de lejos la granja de Rosemary Farms. El conjunto de bajos y alargados edificios de techo blanco parecían hongos creciendo en medio de centenares de hectáreas de campos verdes. Estaba asombrado de que el señor y la señora Hancock vivieran ahí. Yo pensaba que ellos vivían en vecindarios como los que había visto los últimos dos días mientras repartía regalos.

—Yo sé dónde queda —dije—. Nosotros podemos verla desde el Rancho Bonetti, donde vive mi familia.

Antes de irme me dio un sobre que contenía dinero en pago por mi trabajo entregando regalos. Lo abrí en el coche. Me sentí impresionado cuando vi tres billetes de cincuenta dólares. ¡Qué generosa! Mi papá y yo hubiéramos tenido que trabajar sesenta horas cada uno pizcando fresas para poder ganarnos esa cantidad de dinero. En ese momento deseé poder compartir aquel momento con él. Se hubiera sentido muy complacido.

La entrada privada de la granja estaba en el lado oeste. A ambos lados del angosto camino pavimentado había pequeñas casas blancas de madera y chalets con jardines de flores. Estaban numeradas consecutivamente, empezando por el uno. La casa de la señora Hancock era la número 10. La fachada de su casa no era diferente de las otras casas, excepto que tenía dos pilares blancos de madera que enmarcaban la entrada. El resto estaba oculto por altos setos y árboles. Nerviosamente, toqué el timbre de la puerta. La señora Hancock abrió. Yo me presenté.

—Qué agradable conocerte, al fin —dijo ella, conduciéndome hacia adentro e indicándome que me sentara junto a una mesa de tomar café. Se sentó frente a mí en un sillón de respaldo alto. Tenía una voz suave y agradable, un rostro radiante, dulces ojos almendrados color café y cabellos rubios encanecidos prensados atrás con un moño y unos rizos al frente. Una sarta de perlas blancas adornaba su collar. Era elegante como un cisne. Detrás de ella en la pared colgaba un tapiz floral con matices de negro, marrón, blanco, rosa, azul y verde. Sobre una pequeña mesa, junto a su silla, había una pequeña imagen de la Virgen María y un ejemplar forrado en cuero de la Biblia, con letras doradas. Yo le agradecí por la chaqueta y el empleo y le trasmití los saludos del padre O'Neill.

—Me alegra mucho que él nos haya puesto en contacto —dijo ella, enlazando sus pequeñas y delicadas manos—. Lamentablemente, el Capitán no podrá recibirte. Está enfermo.

—¿El Capitán? —yo me preguntaba a quién se estaría ella refiriendo.

—¡Discúlpame! —dijo ella—. Yo le llamo a mi marido el Capitán. Es que cuando él era un niño vivía fascinado por los barcos. Remaba montado en una balsa en los lagos cerca de los pozos de brea en Los Ángeles, y cuando creció, diseñó y construyó varias naves. Luego obtuvo su licencia de marinero. Desde entonces, él ha sido conocido en nuestra familia como el Capitán Hancock. Yo lo llamo simplemente el Capitán.

—Siento que él esté enfermo —le respondí—. La señora Williams me contó un poco acerca de él. Es un hombre sorprendente.

—Realmente lo es —dijo ella—. Ha sido una bendición para mí. Vamos a celebrar su cumpleaños ochenta y ocho este año. En vista de que tú no podrás verlo, me gustaría mostrarte una de mis fotos favoritas de él —se levantó, fue a un cuarto contiguo y regresó con un álbum fotográfico rojo. Luego me mostró una foto del señor Hancock recibiendo un diploma que lo acreditaba como Doctor Honorario en Ciencias por parte de la Universidad de Santa Clara.

—¡Caramba! —exclamé yo—. Me alegro de que él haya sido homenajeado por Santa Clara —me sentía orgulloso de mi universidad. *El Capitán parecía claramente ser un líder,* pensé, recordando lo que decía el padre Shanks sobre cómo debía ser un líder. Él definitivamente había vivido su vida con máxima plenitud.

—Sabía que a ti te agradaría verla —dijo ella riéndose—. Ahora, antes que te vayas, tengo otro regalo para ti —dijo. Salió y regresó con un traje azul marino rayado colgado de una percha de madera—. Este traje le pertenece al Capitán; nosotros queremos que sea tuyo.

Yo estaba tan sorprendido y emocionado por ese gesto como lo había estado la vez que mi papá me había dado su atesorada medalla de San Cristóbal por haberme graduado del octavo grado. Él la había llevado puesta desde que yo tenía memoria. Me levanté y dije: —Oh, es precioso. Muchas gracias, señora Hancock, ¿Está usted segura de que... ? —yo tomé el traje y lo doblé sobre mi brazo izquierdo. Se sentía muy liso, como si fuera de seda.

—A nosotros nos complacería que tú lo usaras —dijo ella tiernamente.

Notando que ella no se sentó de nuevo, me di cuenta de que era hora de que me fuera.

—Fue un placer conocerla —dije—. Agradezco todo lo que han hecho por mí.

—No hay de qué. Por favor mantente en contacto, y dale mis cariños al padre O'Neill.

Cuando llegué a casa, le di el sobre a mi mamá.

—Es para comprar los regalos navideños de la familia —dije.

—Gracias a Dios, mijo —dijo ella, dándome un abrazo. Yo le mostré entonces la chaqueta y el traje, y le expliqué quién me los había dado. Ella se mostró sorprendida pero agradecida.

—Cómo hay gente buena en el mundo —dijo.

Cuando me probé el traje, el pantalón era muy grande de la cintura y la pieza de arriba me quedaba grande de adelante.

—No me queda —dije, saliendo de mi cuarto y modelando el traje para mi mamá.

—Tienes razón, mijo. Es demasiado grande para ti —dijo ella decepcionada.

En la encrucijada

La idea de no ver a mi papá por largo tiempo, aunque fuera en sus peores rachas de mal humor, dejó a mi familia sumida en una profunda tristeza. Todos los días, mi hermanita lo esperaba en las gradas delanteras de nuestra barraca y lloraba cuando al final del día él no aparecía. En la universidad, yo permanecía despierto durante la noche rezando y pensando en lo que debería hacer: ¿quedarme en la universidad o regresar a casa? Yo ansiaba cumplir mi sueño de terminar la universidad, pero la ausencia de mi papá había dejado un vacío en mi familia, que yo creía que era mi obligación llenar. La familia era siempre lo primero, de modo que me sentía desgarrado. Después de titubear mucho, decidí abandonar la universidad al concluir el primer semestre de mi segundo año y regresar a casa.

Después de las vacaciones de Navidad, regresé a Santa Clara para terminar las dos últimas semanas de clase. Estaba preocupado e irritable. Smokey advirtió que algo andaba mal y me preguntó qué era lo que me estaba molestando.

—Sólo estoy un poco preocupado por los exámenes finales —le dije. Resolví decirle mi decisión después de los exámenes finales porque no quería inquietarlo con mis problemas antes de entonces. Visité al padre O'Neill el viernes, le di mis saludos de parte de la señora Hancock y le conté sobre la visita que le hice y los dos regalos que ella me dio.

—Perfecto —dijo él—. ¡Me alegro de que la hayas conocido! Ella tiene un corazón de oro.

—Es cierto.

Cuando me dijo que me veía cansado y me preguntó si algo andaba mal, sacudí la cabeza y le conté lo que había sucedido en casa y lo que yo había decidido hacer.

—¡Oh, no! Cuánto lo siento. Puedo entender tus sentimientos —calló un momento y luego añadió firmemente—: Pero no comparto tu decisión de abandonar Santa Clara.

—Pero yo me siento responsable por mi familia, especialmente ahora que mi papá se ha ido.

—¿No crees tú que terminar la universidad es también tu responsabilidad? Piensa en los sacrificios que hizo tu familia para que tú estés aquí. Piensa en la gente que cree en ti y que aportó para que obtuvieras tus becas. ¿No piensas que tienes una responsabilidad hacia ellos, también? Además, recuerda lo que te dije. Todo sucede siempre por alguna razón, y debes tener confianza en Dios.

—Yo confío en Dios, padre. Y agradezco los sacrificios que la gente ha hecho por mí y no quisiera decepcionarlos, pero...

—Mira, hijo, yo sé lo difícil que es esto para ti, pero creo que deberías tomarte más tiempo para reflexionar sobre tu decisión en base a lo que hemos conversado. Mientras tanto, yo voy a ofrecer una novena por ti y tu familia.

Mientras más pensaba yo en los consejos del padre O'Neill, menos seguro me sentía respecto a mi decisión. Esa noche caminé por los Jardines de la Misión, tratando de aclarar mi mente. ¿Estaba siendo egoísta si me quedaba en la universidad? ¿Qué pasaría con mi sueño de ser maestro? Pensé en lo duro que trabajaban Trampita, Torito y mi mamá para lograr subsistir. Me sentía culpable. Regresé a mi cuarto y me esforcé por empezar la redacción de un ensayo para mi examen final de filosofía. Lo hice a un lado y me acosté, pero me resultó muy difícil conciliar el sueño.

Estaba tan deprimido y desmoralizado al llegar el domingo que no tenía ganas de ir esa tarde a la primera reunión para los nuevos candidatos de Sodality. Ante la insistencia de Smokey asistí, haciendo un gran esfuerzo de voluntad. Me senté en un asiento junto al pasillo al fondo del aula y traté de prestar atención al padre Shanks. Después que nos dio la bienvenida, nos unimos a él en una oración para el Año Nuevo. Él escribió luego en la pizarra:

"¿Cuál es el sentido y el propósito de mi vida?"

La pregunta despertó mi interés porque yo a menudo me preguntaba por qué mi familia y yo sufríamos tanto. Mi papá decía que estábamos maldecidos.

—Quiero que ustedes se respondan a sí mismos a esta pregunta —dijo el padre Shanks, caminando de un lado al otro del aula—. Ésta no es una pregunta fácil, pero todos debemos tratar de contestarla.

Se trasladó al fondo del cuarto, se paró junto a mí y continuó:

—¿Dónde podemos hallar algunas claves? En nuestra fe y en las experiencias de nuestra vida. Cada uno de nosotros debe reflexionar sobre nuestra fe y experiencias vitales, y tratar de extraer de el ellas la fuerza y el sentidos—se detuvo, colocó su mano derecha sobre mi hombro y explicó que muchas veces nos sentimos desconcertados por nuestras experiencias porque ellas no se presentan claramente definidas y rotuladas. Nos exhortó a no rendirnos y nos dijo que luchar era tan importante como hallar la respuesta. Se inclinó hacia adelante y me dijo en un susurro:

—¿Podrías por favor ir a mi oficina después de esta reunión?

Regresó al frente del aula, tomó la tiza, subrayó varias veces la pregunta en el pizarrón y dijo:

—Como sodalistas que son, quiero que ustedes analicen esta pregunta. Su educación y la profundización de su fe aquí en Santa Clara los guiarán en la búsqueda de una respuesta.

Al terminar la reunión, varios estudiantes se acercaron para hablar con él. Yo salí y lo esperé en la antesala de su oficina en Walsh Hall. A través de las puertas de vidrio de la entrada principal del edificio, lo vi subir pesadamente las gradas del frente llevando en su brazo izquierdo un manojo de carpetas. Le abrí la puerta. —Gracias —dijo él, recuperando el aliento. Abrió la puerta de su oficina y me invitó a entrar.

—Toma asiento —dijo. Dejó caer las carpetas sobre un montón de papeles que había encima de su escritorio, se sentó junto a mí y encendió un cigarrillo—. ¿Cómo es eso que he oído de que te quieres salir de Santa Clara?

Me sorprendí de que él lo supiera. El padre O'Neill tuvo que haberle dicho. Él debe haber leído mi mente, porque dijo:

—Sí, el padre O'Neill habló conmigo de eso.

—La razón...

—Yo sé cuál es tu razón —dijo interrumpiéndome—. El padre O'Neill me lo explicó. Y yo estoy de acuerdo con él. Creo que estás cometiendo un gran error. Yo sé que dentro de tu cultura se espera que los hijos vivan para sus familias y que las honren. Yo admiro eso, pero debes pensar también en ti mismo.

—Pero usted dijo que tenemos la responsabilidad de actuar como "guardián de mi hermano".

—Sí, es cierto. Pero, en este caso, piensa en las consecuencias a largo plazo. ¿No crees que tendrás más posibilidades de ayudar a tu familia una vez que termines la universidad y seas maestro? Es un sacrificio que estás haciendo ahora a fin de labrar un mejor futuro para tu familia, para ti mismo y para otros como tú. ¿No lo crees así?

—Eso tiene sentido. Quisiera pensarlo con más detenimiento —sentía que me dolían los hombros y la nuca.

—Estoy de acuerdo. Deberías darte más tiempo para reflexionar sobre eso. Confío en que tú tomarás la decisión correcta.

Al salir de su oficina, fui a la Iglesia de la Misión. Estaba silenciosa y vacía. Me arrodillé ante la imagen de San Francisco en la cruz y recé. Quizás no debí haberle mencionado nada al padre O'Neill acerca de eso. Pero tenía que decírselo por una cuestión de respeto. Él era mi amigo y confiaba en él. *¡Oh, resultaría más fácil si alguien tomara la decisión en mi lugar!* Me levanté y me senté en la banca delantera y contemplé la pintura de San Antonio adorando al Niño Jesús que estaba a la derecha del altar. La figura del Niño Jesús se veía tan pura y pacífica que yo me acerqué al lado del altar, encendí una vela y recé un Ave María.

Regresé a mi cuarto y apunté algunos recuerdos adicionales sobre mi niñez, teniendo en cuenta lo que el padre Shanks había dicho sobre la necesidad de encontrar un sentido y propósito para nuestras vidas. Escribí sobre Torito, que escapó de morirse de una enfermedad que contrajo cuando vivíamos en Tent City. Él tenía tan sólo unos cuantos meses de edad cuando empezó a padecer de convulsiones y de diarrea. Mis papás le dieron té de menta, rezaron y consultaron a una curandera, que le frotó huevos crudos en el estómago. Cuando él empeoró, mis papás finalmente lo llevaron al hospital del condado, aun cuando no tenían dinero para pagar la consulta. El médico les dijo a mis papás que Torito se iba a morir. Mis papás se negaron a creerle. Llevaron a Torito a casa y toda nuestra familia rezó todos los días al Santo Niño de Atocha, hasta que mi hermano se curó.

Hice a un lado mis notas y repasé mi tarea para la clase de filosofía. Teníamos que escribir un ensayo breve sobre una de las obras que leímos durante el curso y relacionarlo con nuestra vida. Yo escogí el "Mito de la Caverna", que aparece en

La República de Platón. Comparé las vivencias de mi niñez, creciendo dentro de una familia de trabajadores migrantes, con los prisioneros que estaban en la caverna oscura encadenados al piso y frente a una pared en blanco. Escribí que, al igual que aquellos cautivos, mi familia y otros trabajadores migrantes estábamos engrillados al campo día tras día, siete días a la semana, semana tras semana, por salarios muy bajos, y viviendo en carpas o viejos garajes que tenían piso de tierra, sin instalaciones internas de agua ni de electricidad. Describí la forma en que la simple lucha por llevar el pan a nuestra mesa nos impedía romper los grilletes, dándole un giro a nuestra vida. Expliqué que la fe y la esperanza en una vida mejor nos hacían seguir adelante. Yo me identifiqué con el prisionero que logró escapar y se sentía obligado a regresar a la caverna para ayudar a los demás a liberarse.

Después de concluir el trabajo, pensé en la pregunta del padre Shanks y el consejo que él y el padre O'Neill me habían dado. Ellos tenían razón. Yo tenía que sacrificarme y terminar mis estudios en la universidad.

Un alma gemela

Comencé la segunda mitad de mi primer año sintiéndome menos preocupado por mi familia y más confiado en la universidad. Mi tía Chana, que estaba cuidando a mi papá en México, le escribió a mi mamá diciéndole que él seguía enfermo física y mentalmente pero que, con la ayuda de una curandera, se iba recuperando lentamente. Ella le dijo a mi mamá que él rezaba por nosotros todos los días. Roberto y su esposa le brindaban apoyo y consuelo a mi familia visitándola a menudo y ayudándoles económicamente. Mi mamá empezó a trabajar en una procesadora de verduras congeladas durante los días de semana. Trampita seguía trabajando como conserje para la Santa Maria Window Cleaners y mis otros hermanos le ayudaban a mi mamá trabajando con ella en el campo los fines de semana. Yo seguía enviando dinero a casa siempre que me fuera posible.

Además de llevar diecisiete unidades y media en créditos académicos ese segundo semestre, y de disfrutar todas mis clases, encontré también un alma gemela que me hizo sentir más a gusto en la universidad.

Conocí a Laura Facchini en panorama de literatura latinoamericana II, impartido por la profesora Hardman de Bautista. Laura sobresalía entre los miembros de nuestra pequeña clase porque todos los demás habíamos tomado la primera parte de ese curso el semestre anterior y además porque era la única novata y no era hablante nativa de español. Los demás estudiantes eran centroamericanos, sudamericanos y caribeños. Ella atrapó mi atención inmediatamente, cuando la vi por primera vez en esa clase. Tenía grandes ojos castaños, tez morena clara, frente amplia, barbilla fina, ligeramente redonda, y cabellos castaños cortos que se recogía en el peinado. Me recordaba a una muchacha de la que yo había estado secretamente enamorado cuando estudiaba en la *junior high school*. Yo siempre me sentaba junto a Laura porque raras veces lograba verla fuera del aula y cuando la veía parecía estar siempre de prisa, corriendo de un lado a otro del campus, aferrando sus libros bajo el brazo.

Un día ella llegó a clase unos minutos tarde y un poco alterada. Se sentó junto a mí y abrió su antología de literatura latinoamericana en la sección que trataba de Rubén Darío, un escritor nicaragüense cuya poesía debíamos haber leído y estudiado como tarea. Me asomé y vi que ella había escrito con lápiz en los márgenes abundantes apuntes y también la traducción al inglés de prácticamente todas las palabras que figuraban en español en el texto. Ella captó mi mirada, se sonrió y acercó más el libro hacia ella, cerrándolo parcialmente. Yo me sentí avergonzado y desvié la vista en otra dirección. La profesora de Bautista hizo algunos comentarios sobre Darío y nos asignó a cada uno de nosotros un poema diferente para leer en voz alta y para analizarlo. Yo me sentía nervioso e intimidado mientras escuchaba a los estudiantes leer con dramatismo y con aplomo. Sin embargo, me sorprendió que la profesora de Bautista tuviera que darles tantas indicaciones para que pudieran hacer el análisis. Ése no fue el caso con Laura. Aun cuando tenía un leve acento cuando hablaba, su lectura fue fluida y su interpretación los impresionó a todos, especialmente a la profesora. Al final de la clase la seguí fuera del aula.

—¿Dónde aprendiste a hablar tan bien el español? —le pregunté, tratando de mantener el ritmo acelerado de su paso. Una ligera brisa empujaba su vestido floreado de algodón contra sus piernas ligeramente arqueadas.

—Pero yo no hablo el español bien —me miró de reojo y sonrió.

—Sí que lo hablas muy bien —me gustaba su modestia.

—Me gusta el español y estudio mucho para aprenderlo. Por eso es que decidí especializarme en él. Yo disfruto aprendiendo idiomas. Supongo que eso lo heredé de mi abuelo, que estudia por su cuenta francés y español.

Cuando le dije que estaba impresionado con la interpretación que había hecho de "Canción de otoño en primavera", de Darío, ella me explicó que su profesora de secundaria le había enseñado a analizar obras literarias.

—Yo todavía estoy luchando con el inglés.

—Yo quisiera saber el español tan bien como tú sabes el inglés.

—Quizás podríamos estudiar juntos —nos acercábamos al Salón Nobili—. Te ayudaré con el español y tú puedes ayudarme con el inglés.

Ella frunció el ceño y dijo:

—Bueno, ya llegamos. Por suerte no tengo que subir tantas escaleras. Vivo en el segundo piso. Gracias por acompañarme.

—De nada. Te veré en la clase —abrí la puerta de entrada y ella subió corriendo las escaleras. Quizás pensó que yo estaba siendo muy atrevido.

Durante los días siguientes no la acompañé a la salida de clases, aunque habría deseado hacerlo. Luego, para mi sorpresa, la vi entrar una tarde en el laboratorio de idiomas que estaba ubicado en la Biblioteca Varsi. Yo estaba trabajando ahí, poniendo a funcionar las grabadoras magnetofónicas y despachando los cassettes grabados, y cerrando el laboratorio por las noches.

—¿Qué estás haciendo aquí? —le pregunté.

—El doctor Vari me contrató para que ayudara en el laboratorio. Supongo que vamos a estar trabajando juntos.

Aquella noticia era como música para mis oídos. Eso me daría la oportunidad de verla más a menudo. Y efectivamente, a medida que transcurrieron los días, después de cerrar el laboratorio pasábamos algún tiempo juntos, sentados en las gradas frontales de la Biblioteca Varsi, intercambiando historias sobre nuestra niñez. Una vez le conté sobre mis esfuerzos para pizcar algodón cuando apenas tenía seis años de edad. Mis papás solían estacionar nuestra vieja carcacha al final del campo de algodón y dejarme solo en el coche cuidando a Trampita. Yo detestaba quedarme solo con él mientras ellos y Roberto se iban a trabajar. Pensando que si yo aprendía a pizcar algodón mis papás me llevarían con ellos, una tarde, mientras Trampita dormía en el asiento trasero del coche, caminé hasta el surco que estaba más próximo y traté de pizcar el algodón. Pero ese trabajo resultó ser más difícil de lo que yo pensaba. Pizcaba las motas una por una y las iba apilando en el suelo. Las púas filosas de la cáscara me rasguñaban las manos como las uñas de un gato y, a veces, se me metían en las esquinas de las uñas y las hacían sangrar. Al terminar el día, yo estaba cansado y frustrado porque había pizcado muy poco. Para empeorar las cosas, yo me había olvidado de Trampita y cuando mis papás regresaron se molestaron porque yo había abandonado a mi hermanito menor, quien se había caído del asiento del coche, había llorado y se había ensuciado en los pañales.

—Pobre Trampita... y pobre de ti, también —dijo ella. Se levantó, se abotonó el suéter de lana tejido, miró a las estrellas, suspiró y me contó cómo ella le ayudaba a sus papás en su tienda de abarrotes cuando ella tenía seis años de edad. El nombre de la tienda de su familia era Hilltop Market y tenía un rótulo con este lema: "No es la más grande, pero sí la mejor". Los clientes eran personas que se habían mudado desde el sur rural de Oklahoma y vivían en modestas casas enclavadas en las colinas de Brisbane, encima de la tienda.

Hacían sus pedidos de pollos cada semana para sus cenas do-
minicales, y Laura y su mamá limpiaban y empacaban los pollos para ellos. Los sábados, los clientes llegaban a la tienda y
recogían sus pedidos o bien el papá de Laura entregaba los pollos a domicilio junto con los pedidos de provisiones.

Ella me contó que su papá compraba los pollos en una
granja avícola en San Francisco, y ella a menudo lo acompañaba para ver cómo eran procesados los pollos. Los pollos
eran mantenidos en unas jaulas cuadradas de unos dos pies
de alto y formando rimeros con cuatro o cinco jaulas cada uno.
El papá de Laura escogía los pollos que él quería y luego los
pollos eran entregados en un cuarto grande y ruidoso donde
los mataban y les quitaban las plumas. Las encargadas de hacer
ese trabajo eran unas mujeres que vestían delantales, botas y
guantes de hule negro. Una vez que las plumas eran removidas,
las cabezas y las patas eran envueltas en papel de carnicero y los
pollos puestos en cajas de embalaje, y Laura y su papá los llevaban a la tienda. Laura le ayudaba a su mamá a preparar los
pollos de acuerdo con los pedidos. Ellos cubrían la mesa de la
cocina con capas y más capas de periódicos. Su mamá abría
entonces los pollos y ella y Laura removían cuidadosamente
los intestinos, el corazón y el hígado.

—Yo solía jugar con las patas. Jalando uno de los tendones,
las hacía moverse como si estuvieran caminando —agregó ella,
riéndose.

—Roberto, mi hermano mayor, también acostumbraba a
hacer eso. Él agarraba la pata del pollo y nos decía que era una
pata de gallo. Jalaba entonces el tendón lo más rápido que

podía y nos perseguía a mis hermanos y a mí gritando que era la pata del diablo. A nosotros eso nos parecía divertido.

—¿Por qué decía él que era la pata del diablo?

—Porque hay una superstición de que el diablo tiene las patas de gallo cuando se transforma en hombre.

—¿De veras? Pero tú no crees en eso, ¿verdad?

—Yo no, pero alguna gente sí.

De repente me di cuenta de que yo había interrumpido su relato.

—Lo siento —dije—. Termina de contarme cómo preparaban tú y tu mamá los pollos.

—No queda mucho más que contar. Pienso que mi mamá se sentía realmente orgullosa de que ella podía cumplir todos los pedidos a tiempo de modo que la gente pudiera tener una buena cena los domingos —sonrió, miró su reloj y dijo—: Se está haciendo tarde. Es mejor que hagamos ya nuestra tarea.

La acompañé caminando de regreso a Nobili y observé cómo subía de prisa las escaleras. Ella y yo continuamos intercambiando historias todos los días después que cerrábamos el laboratorio. Mientras más tiempo pasábamos juntos, más apreciaba su amistad. Aprendí a confiar en ella y llegué a tenerle un profundo afecto.

Hogar lejos del hogar

Mi papá no nos permitía ni a mis hermanos ni a mí asociarnos con niños que se metieran en problemas. Él solía decir: "Dime con quién andas y te diré quién eres". Cuando Laura me presentó a su buena amiga Emily Bernabé, supe que ella se convertiría también en mi amiga. Emily iba un año detrás de mí en la universidad y se especializaba en español y, a diferencia de la mayoría de los estudiantes de Santa Clara, tenía un empleo de medio tiempo, vivía en su casa y se trasladaba a la universidad en auto. Nosotros no nos veíamos mucho en el campus, pero cuando nos encontrábamos hablábamos sobre nuestra familia.

Sus abuelos maternos, Margarito y Luz Cardona, abandonaron el estado de Aguascalientes, México, en 1920, con sus cinco hijos, viajaron en tren a El Paso, Texas, y se establecieron en Redwood City, California. Ellos vinieron a los Estados Unidos a trabajar y buscar una mejor vida para sus hijos. Siendo la hija menor, Juanita, la mamá de Emily, tuvo que abandonar la escuela en el octavo grado para ayudar a sus papás a mantener a la familia. Ella luego se casó y tuvo dos hijos: Gilbert y Emily. Gilbert era cuatro años mayor que Emily. A inicios de la década de 1950, Juanita se quedó sola y tuvo que luchar duramente para cubrir los gastos familiares, trabajando en la fábrica de conservas Del Monte y en la empacadora Stokeley en San José. A menudo trabajaba en dos o tres empleos a la vez en los meses de verano para que Emily y su hermano pudieran asistir a las escuelas católicas en las que estaban inscritos.

Un viernes, Emily y yo hablamos sobre las dolorosas experiencias que sufrimos en la escuela primaria. Yo le conté sobre la forma en que fui suspendido en el primer grado porque no dominaba bien el inglés, y cómo se burlaban de mí debido a mi acento al hablar en inglés, y también sobre cómo a Roberto y a mí no nos permitían hablar en español en la escuela, a pesar de que era la única lengua que sabíamos.

Emily me dijo que a ella en la escuela tampoco le permitían hablar en español. Su mamá hablaba el inglés tan bien como el español, así que Emily sabía ya inglés al entrar a la escuela. Sin embargo, ella se sentía herida y ofendida siempre que los niños señalaban el color oscuro de su piel. Yo le dije que mi mamá pensaba que la gente que tenía prejuicios era ignorante y estaba cegada por el demonio. Emily y yo estuvimos de acuerdo en eso: la ignorancia era el demonio.

Emily nos invitó a Laura y a mí a cenar en su casa ese fin de semana. La tarde del sábado, pasó a recogernos frente a McLaughlin Hall en su viejo Volkswagen azul y nos llevó a su casa, que estaba a unos diez minutos de la universidad.

—Estoy tan encantada de verte otra vez, Laura, bienvenidos —dijo Juanita al recibirnos—. Es un gusto conocerte, Panchito.

—Yo también estoy encantado de conocerla, señora Bernabé.

Ella tenía cabello corto negro rizado, cara redonda, ojos castaños chispeantes y una pequeña y ancha nariz. Su cordialidad me recordó a mi mamá. La pequeña sala de estar estaba limpia y escasamente amoblada, con fotos familiares colgadas en las paredes. Nos sentamos a la mesa de la cocina y disfrutamos de mi comida favorita: frijoles refritos, arroz, carne con chile y tortillas de harina recién hechas. Con el rabillo del ojo vi un molcajete que estaba sobre el mostrador de la cocina. De lo alto de la pared colgaba un calendario mexicano. Me sentía completamente en casa.

Yo visité a Emily y a su mamá varias veces después de ésa y cada vez que lo hacía me parecía estar con mi propia familia.

Paisano

Vi por primera vez a Rafael Hernández una tarde cuando iba camino a clase. Él estaba en el corredor del segundo piso del McLaughlin Hall vaciando un cubo de basura dentro de un carrito de limpieza, el cual contenía una bolsa negra de basura, una esponja y suministros para servicios sanitarios. El carrito me recordó al que yo había usado cuando trabajaba limpiando la Compañía de Gas en Santa Maria.

—Hola —dije yo. Él sonrió y asintió con la cabeza. Tenía la piel cobriza, brillantes ojos negros, altos pómulos y pelo largo, grueso y liso.

Después de ese día, intercambiábamos saludos cada vez que nos veíamos, pero no conversamos realmente sino hasta que nos encontramos un día en la Iglesia de la Misión.

Yo asistía a misa cuando de repente lo vi sentado unas cuantas bancas delante de mí. Después que terminó el servicio, me acerqué a él y me presenté. Él me reconoció pero se veía reservado y tenso. Cuando le hablé en español y le conté que mi papá era del estado de Jalisco, en México, sus ojos se iluminaron.

—Nuestros papás son paisanos —dijo sonriendo—. Mi papá nació en Lagos de Moreno.

Dimos un paseo por de los Jardines de la Misión, hablando en español acerca de nuestras familias y de nuestro trabajo. Dijo que había comenzado hacía poco a trabajar de conserje en Santa Clara, después de haber trabajado en el campo pizcando frutas y verduras en el Valle de San Joaquín y en Salinas. Cuando le dije que yo también había trabajado en el campo y como conserje se mostró sorprendido. Los surcos marcados en su rostro se volvieron más pronunciados.

—¿Cómo lograste estudiar en la universidad? —preguntó.

—Conseguí algunas becas y préstamos. Y mi familia ha hecho muchos sacrificios para que yo pueda estar aquí.

—Tú eres muy afortunado de tener todas estas oportunidades que hay aquí. En México todo es mucho más difícil.

Cuando llegamos a mi dormitorio, él me indicó que vivía a sólo dos cuadras de distancia, en una casita. A partir de ese día, nosotros platicábamos un poco cada vez que nos veíamos por casualidad.

Él había nacido y crecido en Paredones, una pequeña aldea cerca de Guadalajara, México. Cuando su papá murió, él dejó la escuela y se puso a trabajar para ayudarle a su mamá viuda a pagar los gastos del hogar. Rafael y su mamá hacían cada día un largo viaje en autobús para ir a trabajar en la casa de un hacendado rico. Ella trabajaba como empleada doméstica y él como peón agrícola. Más tarde, Rafael se casó y formó su propia familia. Tuvo dos hijos, un niño y una niña. Cuando perdió su trabajo y su esposa cayó gravemente enferma, decidió dejar a su esposa y sus hijos al cuidado de su mamá y dirigirse a los Estados Unidos, con la esperanza de hallar trabajo para enfrentar los gastos médicos de su mujer y a la vez mantener a su familia. Tomó un autobús a Ciudad Juárez y, con ayuda de un *coyote,* cruzó la frontera en El Paso. Desde ahí, se trasladó hasta el Valle de San Joaquín, a Salinas y luego a Santa Clara.

Varias semanas después de que nos conocimos, él me invitó a su hogar, que era una habitación alquilada en una casita de madera ubicada en la esquina de las calles Market y Lafayette. Dijo que tenía algo que contarme y un regalo para darme. La entrada estaba al lado sur de la estructura blanca de madera.

—Aquí tiene su casa —dijo, dándome la bienvenida y ofreciéndome una silla de madera para que me sentara. El cuarto no tenía ventanas y se percibía un fuerte olor a sal y a sudor. En la esquina trasera había una pequeña mesa de cocina. Encima de ella había una bandeja de cocinar eléctrica y dos ollas y una sartén abolladas. Debajo de la mesa había un lavamanos de aluminio, una pila de alimentos enlatados, algunos refrescos embotellados y una caja de macarrones. Sobre su cama portátil estaba colgado un calendario con la imagen de la Virgen de Guadalupe. Cerca de su cama había un cajón de madera lleno de libros y revistas que llevaba la etiqueta de la empresa Del Monte. Se sentó en un taburete de madera, a la derecha de la entrada. Como de costumbre, iba vestido con pantalones kakis y una camisa azul de algodón de manga larga, abierta ligeramente en el cuello.

—Me alegro de que vinieras. No podía haberme ido sin despedirme antes de ti.

—Irse, ¿pero por qué? —yo estaba sorprendido y decepcionado.

—Me voy de regreso a Paredones. Echo de menos a mi familia y a mi país. He estado enviando dinero a casa cada mes para pagar los gastos del doctor y, gracias a Dios, mi esposa ya se alivió. La vida es muy dura para nosotros en este país. Hay gente aquí que piensa que nosotros, los mexicanos, no somos más que animales. En Texas yo vi carteles en los restaurantes que decían "No se aceptan perros ni mexicanos". Eso es humillante.

—Sí, lo es —sus palabras me recordaron a Díaz, un contratista de mano de obra que yo había conocido en otro tiempo. Él trató de obligar a un bracero a jalar del arado como un buey y, cuando el peón se negó, el contratista hizo que lo deportaran de vuelta a México.

—Pero soportamos esos sufrimientos por el bien de nuestros hijos —dijo él con una chispa brillándole en los ojos. Se santiguó tres veces y agregó—: Y gracias a la Virgen de Guadalupe y a los bondadosos padres jesuitas de Santa Clara, ahora puedo ya regresar a mi casa y estar con mi familia.

Yo me sentía contento por él y alegre de que su esposa estuviera bien ahora, pero me entristecía verlo irse. Él se levantó, caminó hacia el cajón de Del Monte, sacó un libro muy gastado y me lo entregó como un regalo.

—Muchas gracias —le dije, echándole una mirada al título, *La patria perdida*, y preguntándome por qué el autor lo habría llamado así.

—Una amiga que estimo mucho me dio esta novela y me suplicó que no viniera a los Estados Unidos. Ella dijo que su papá había muerto en el desierto tratando de cruzar la frontera y no quería que yo corriera la misma suerte. El autor vivió en San Antonio, Texas, unos cuantos años. Y mientras él vivió ahí, sufrió la discriminación y, al igual que yo, echaba mucho de menos su patria. Él escribió sobre eso en esta novela, así que cuando la leas acuérdate de mí.

—La leeré. Es un gran regalo. Gracias de nuevo —dije. Nos despedimos y nos prometimos mutuamente mantenernos en contacto. Nunca volví a saber nada de él, pero me sentía agradecido de haberlo conocido. Él me ayudó a comprender mejor los anhelos de mi papá por su patria y su prolongado sueño de regresar a México con toda su familia.

En una célula

Regresé a Santa Clara en otoño para comenzar mi tercer año en la universidad. Había pasado el verano en Santa Maria viviendo con mi familia y extrañando a mi papá, pero me mantenía ocupado trabajando a tiempo completo para la Compañía de Gas, haciendo labores diversas: limpiar el patio, ayudar en la bodega y pintar gasómetros en diversas localidades, desde Lampoc en el sur hasta Paso Robles en el norte. Durante los fines de semana trabajaba con mi hermano como conserje para la Santa Maria Window Cleaners. A diferencia de los dos años anteriores, inicié mi tercer año sin tener que pedir dinero prestado para asistir a la universidad. Solicité y obtuve un empleo de prefecto, el cual cubría mis gastos de alojamiento y alimentación, y recibí algunas becas de Santa Clara que me permitían pagar la colegiatura. Continué trabajando en el campus como asistente de investigación y corrector para la profesora Martha James Hardman de Bautista y como encargado del laboratorio de idiomas.

Me mudé a Walsh Hall, cuarto 102, el cual estaba contiguo a la residencia del padre John Shanks. Mi nuevo compañero de cuarto, James Clark, era un estudiante graduado, preparándose para ser maestro de secundaria. Era pequeño y delgado y tenía cara angosta, cabello castaño corto partido a un lado y una voz dulce y aguda. Era meticulosamente ordenado y limpio. Ninguna de sus cosas estaba nunca fuera de lugar. Diariamente se acostaba a las once de la noche en punto y se levantaba a las seis de la mañana en punto. Los domingos por la mañana él solía ir a su casa, en cuanto terminaba la misa de las ocho, para visitar a su familia en Healdsburg. Al igual que Smokey, era fanático del deporte. Escuchaba habitualmente por la radio los juegos de béisbol y hacía comentarios sobre cada uno de los jugadores. Cuando un jugador cometía un error, James le gritaba y agitaba los brazos, lo que le daba el aspecto de un endeble molino de viento. Como prefectos, él y yo compartíamos deberes, velando por que se respetaran las normas de las residencias, pero no compartíamos el tiempo libre. Nos veíamos por las noches y a veces los fines de semana, pero muy raramente cuando se trasmitían por la radio los partidos deportivos.

Además de tener otro compañero de cuarto y un trabajo adicional ese año, yo entré en mi tercer año bajo un nuevo programa de clases llamado Plan de Santa Clara, el cual representaba un cambio respecto al sistema de semestres a favor de un sistema modificado de trimestres. Los estudiantes del tercer y cuarto año tomaban tres clases de cinco unidades únicamente. Este nuevo plan hacía más fácil que me concentrara en menos materias a la vez y me permitía dedicar más tiempo a Sodality.

Como miembro de Sodality, decidí participar en la Célula de Amigos Anónimos, la cual era una de las tres células a las que yo podía afiliarme dentro de la organización. Yo ayudaba a preparar a los estudiantes universitarios para trabajar en las áreas más pobres de México durante el verano, dándoles clases privadas de español y cultura latinoamericana. Periódicamente los sodalistas se dividían en células más pequeñas para discutir diversos temas contemporáneos. Asistí a una conversación de célula sobre el tema de los matrimonios interreligiosos un miércoles por la tarde. La discusión ya había comenzado cuando entré en el cuarto de la reunión. Había cerca de once estudiantes en el grupo, la mayoría de ellos varones de cuarto año, sentados alrededor de una desgastada mesa rectangular de madera. Arrimé una silla y me senté detrás de un estudiante que estaba sentado en un extremo de la mesa. Como de costumbre, me mantuve quieto y escuché lo que se decía. Yo no me sentía cómodo hablando en grupos, especialmente en inglés. Los estudiantes discutieron tranquilamente los pros y los contras de casarse con alguien que profesara una religión diferente. Existía un acuerdo general de que era preferible casarse con alguien que tuviera las mismas creencias religiosas.

La relajada discusión se convirtió en un candente debate sobre los matrimonios interraciales y el prejuicio, lo que me trajo dolorosos recuerdos. A la novia de Roberto en la secundaria sus papás no la dejaban salir con él porque era mexicano. Yo recordé la tristeza y humillación reflejadas en su triste rostro cuando me lo contó por primera vez.

—Hay mucha discriminación en nuestra sociedad —argumentó un estudiante—. Me alegra que el presidente Johnson firmara el Acta de Derechos Civiles, declarando ilegal la discriminación.

—Las leyes no pueden acabar con la discriminación —contrapuso otro estudiante.

—Claro que no, pero las leyes pueden controlar las acciones perjudiciales.

—No siempre: miren lo que le pasó a Michael Schwerner el verano pasado. A él lo mató el Ku Klux Klan porque se integró al movimiento por los derechos civiles. Él estaba ayudando a los afroamericanos a inscribirse para votar. Además, lo que es legal no es siempre correcto. Por ejemplo, la esclavitud fue legal en nuestro país durante muchos años. ¿Era eso correcto?

—¿Estás diciendo que el Acta de los Derechos Civiles no es una cosa buena?

—No, lo que estoy diciendo es que a veces hacemos malas leyes.

Él se puso rojo, bajó la vista, se aclaró la garganta y dijo:

—Yo no tengo prejuicios, pero me molesta mucho cuando hacemos algunas cosas por diversión y la gente se inquieta —a continuación describió la forma en que algunos estudiantes universitarios habían perseguido a un par de muchachos mexicanos de secundaria y los habían amenazado en broma con cortarles su melena—. A ellos los acusaron de ser prejuiciosos. Sólo estaban divirtiéndose.

Yo no podía dar crédito a lo que escuchaba. Lancé una

mirada alrededor del cuarto. Algunos estudiantes fruncieron el ceño; otros enarcaron las cejas y sacudieron la cabeza.

Joe, un alto y desgarbado estudiante de cuarto año, se levantó y dijo:

—Seamos honestos aquí entre nosotros. Yo no creo que ninguno de nosotros considere buena idea esos matrimonios interraciales. Yo no quisiera que mi hermana o mi hija se casara con un mexicano.

Me sentí como si me hubieran pateado en el estómago. Me desconecté inmediatamente del debate. Apreté los labios, me levanté y salí bruscamente del cuarto. Cuando iba por la mitad del corredor oí a Joe corriendo tras de mí, gritando:

—Frank, Frank, espera, lo siento —yo me detuve y lo encaré—. Lo siento mucho —dijo frenéticamente—, yo no sabía que tú eras mexicano.

—Deberías sentir pena de ti mismo —le dije. Lo miré con detenimiento—. El que tiene problemas eres tú —elevé mi voz y repetí—: Deberías sentir pena de ti mismo —él se veía aturdido y confuso. Di la vuelta y me alejé caminando del lugar.

Durante mucho tiempo después de ese episodio yo me preguntaba cuántos otros sentirían lo mismo que él, pero ocultaban esos sentimientos porque sabían que yo era mexicano.

Un secreto revelado

Yo tenía que decirle a Laura la verdad. No podía seguir ocultándole mi secreto. Después de haber cerrado una noche el laboratorio de idiomas, nos sentamos lado a lado en las gradas frontales de la Biblioteca Varsi mirando en silencio los pececillos dorados en una pequeña fuente circular a unos cuantos pies de distancia. En su centro una estatua blanca, maltratada por los rigores del clima. La imagen representaba a un niño que sostenía en su hombro un jarrón había que vertía un chorrito de agua en la fuente. De vez en cuando nos mirábamos mutuamente y sonreíamos.

—¿En qué estás pensando? —preguntó Laura.

—Tengo algo importante que decirte —respondí—: ¿Quieres acompañarme a tomar una taza de café?

Mi idea era que nos alejáramos del campus porque no quería que nadie más oyera lo que yo iba a decirle. Caminamos por la Franklin Street, buscando una cafetería. Pasamos por la Wade's Mission Pharmacy, la University Electric Company, el Santa Clara Movie Theather y el Genova Delicatessen. No encontramos nada. Finalmente, descubrimos una en Sherman

Street. Abrí la puerta para que ella entrara. Ella sonrió. Nos sentamos junto a una mesita, el uno frente al otro, y ordenamos dos tazas de café. Me hizo falta juntar todo el valor que tenía para animarme a decirle mi secreto.

—He querido decirte esto desde hace mucho tiempo.

—¿De qué se trata? —ella frunció levemente el ceño.

—Yo no nací en este país. Nací en México —dije precipitadamente. Ya. Al fin lo había dicho.

—¿Era eso? —ella me miró desconcertada—. La mayor parte de mi familia tampoco nació aquí.

Ella me contó entonces que su abuelo materno, Arrigo Descalzi, había emigrado a los Estados Unidos desde Sestre Levante, un pueblito ubicado en el norte de Italia. Siendo muy aventurero, él abordó un barco a la edad de dieciséis años y desembarcó en Nueva York, pasando por la Isla de Ellis. Él no sabía ni una palabra de inglés, y terminó en California trabajando en las granjas y vendiendo verduras en un carretón de caballos. Conoció a Caterina Zunino y se casó con ella, quien también procedía de Italia. Ella trabajaba como camarera en San Francisco. Los abuelos paternos de Laura, Ferdinando y Rosa, nacidos también en Italia, se establecieron en San Francisco y montaron un pequeño negocio.

Laura se detuvo y dijo:

—Cuéntame más sobre ti. ¿O eso era todo lo que me querías decir?

Sintiéndome más en confianza, yo le conté sobre la forma en que mi familia y yo cruzamos la frontera ilegalmente cuando yo tenía cuatro años, y de la vez que fuimos atrapados por la patrulla fronteriza y deportados de regreso a México diez años después. Yo le describí la vida de mi familia los años siguientes, incluyendo la partida de mi papá. Era como una confesión personal. Hablé durante largo rato y, cuando finalmente me detuve, Laura me dirigió una dulce sonrisa y colocó suavemente su mano derecha sobre la mía. Sentí una paz interior. Después de un largo silencio, yo le pregunté:

—¿Sabes hablar italiano?

—Sí, de hecho, en casa yo hablaba más el italiano que el inglés. Pues, mi mamá falleció cuando yo tenía nueve años. Ella murió de una esclerosis múltiple... —Laura se detuvo. Sus ojos se llenaron de lágrimas y sus manos temblaron mientras se abotonaba su suéter blanco, tratando de ganar tiempo para recobrar la compostura—. Así que... yo fui criada por mis abuelos maternos, que en la casa sólo hablaban italiano.

—Lo siento. Ella debió haber sido muy joven.

—Tenía sólo treinta y dos años. Nadie sabía qué mal era el que la aquejaba cuando ella se enfermó. Empezó a perder lentamente la vista y el control de sus piernas hasta que no pudo ya ni ver ni caminar. Finalmente, ella quedó confinada a la cama. Yo me sentaba en el borde de su cama y les leía en voz alta a ella y a mi hermana menor, Lynn, todos los días cuando regresaba de la escuela. No teníamos seguro médico, así que mi papá trabajaba todo el día atendiendo la pequeña tienda de abarrotes en Brisbane, de la que te hablé, y en la noche tocaba el acordeón en los clubes nocturnos o, los fines de semana, en las bodas, para cubrir los gastos del hogar. ¡Pobre papá! Su cabello se puso completamente gris y perdió muchísimo peso. Yo me sentía tan impotente —la mesera se acercó y la interrumpió.

—¿Más café?

—No, gracias —ella pareció asustarse.

—Lo siento. No era mi intención hablar y hablar sin parar.

—Está bien; gracias por contármelo —dije torpemente. No lograba encontrar las palabras para consolarla.

Ella recobró la compostura y añadió orgullosamente:

—Así que... crecí hablando italiano en casa. De hecho, no sólo hablábamos italiano, sino que vivíamos en un vecindario italiano, comprábamos en negocios pertenecientes a italianos y comíamos comida italiana casi todo el tiempo.

Admiraba sus sentimientos respecto a su herencia italiana. Yo también estaba orgulloso de mi herencia.

—¿Qué puedes contarme sobre tus antepasados? —me preguntó.

Le conté que mis abuelos eran campesinos pobres de Los Altos de Jalisco. Mi abuelo paterno, Hilario, tenía una pequeña granja. Él murió en 1910 cuando mi papá tenía sólo unos cuantos meses de edad. Durante los primeros once años de su vida mi papá, quien era el menor de dieciséis hermanos, fue criado por mi abuelita, Estefanía, que era en parte india huichol, y muy religiosa. Pasó los cuatro años siguientes viviendo en forma ambulante. Pasaba unos meses aquí y otros allá, viviendo con sus hermanos y hermanas mayores que ya estaban casados.

Nunca asistió a la escuela, y al cumplir los quince años se había independizado y se mantenía solo, trabajando como peón agrícola en El Rancho Blanco. A la edad de veintisiete años conoció a mi mamá y se casó con ella en Tlaquepaque. Ella tenía dieciséis. Mi abuelo materno, Salvador Hernández, era arriero. Él se casó con mi abuela, Concepción Moreno, que era también muy devota. Ella le ayudaba a vender leña.

Después de intercambiar otras cuantas historias familiares, Laura y yo salimos de la cafetería y regresamos a la universidad. En el camino, pasamos por una vieja tabaquería.

—Ésa se parece a la tienda que teníamos en Brisbane —dijo ella—. Entremos —el lugar era pequeño, mal iluminado y estaba abarrotado. Los estantes estaban repletos de cajas de puros, con diferentes tamaños y formas. Algunas tenían las tapas quebradas y los rótulos desteñidos. En la esquina trasera del cuarto había una máquina de *pinball*. Sus luces parpadeantes, que se reflejaban en el oscuro techo, eran lo único alegre de la tienda.

—¿Quieres jugar una partida? —dijo ella, jalando la palanca y soltándola rápidamente. Busqué en el bolsillo de mi pantalón, saqué una moneda de 25 centavos y la puse en la ranura de la máquina—. Cuesta sólo cinco centavos el juego —dijo ella.

—Muy bien. Jugaremos cinco partidas.

Ella insistió en que yo jugara primero. Al cabo de unos segundos, yo perdí el primer juego. Penosamente, me hice a un lado para permitirle jugar. Soltó la primera bola con tanta fuerza que ésta salió disparada hacia delante, haciendo sonar campanas y encendiendo luces multicolores. Ella balanceaba los hombros y movía los brazos y las manos, tratando de guiar la bola hacia la cumbre del tablero. En perfecta sucesión cinco campanas sonaron y un número 10 en rojo apareció brillando en la pantalla del puntaje.

—¡Gané 10 juegos!

—Eres una profesional —continuamos jugando, ella ganando y yo perdiendo. Ninguno de los dos pensaba en el tiempo o en las tareas académicas. Abandonamos la tienda resueltos a regresar para desafiar a la máquina de *pinball,* lo cual hacíamos cada vez que salíamos juntos. La opción era perfecta. Nuestra amistad crecía y nuestra diversión nos costaba sólo cinco centavos.

Un ciudadano americano

Mi secreto respecto al lugar de mi nacimiento había sido para mí una pesada carga que llevaba sobre mi conciencia. Logré librarme finalmente de ella cuando le revelé a Laura la verdad de que yo había nacido en México, y no en Colton, California. Ahora, sentí que debía confesársela también al padre John Shanks. Como consejero espiritual, él se reunía conmigo periódicamente, para evaluar mis avances como miembro de Sodality. En uno de nuestros encuentros, le conté mi historia.

—Me alegro de que me lo hayas dicho. Uno debe decir siempre la verdad —dijo él. La seriedad de su tono de voz me hizo sentir incómodo—. Sin embargo, entiendo por qué te ha costado tanto ser honesto acerca de tu lugar de nacimiento, pero tú estás aquí legalmente ahora, así que trata de superar eso —sonrió levemente y encendió un cigarrillo.

—Pero yo he mentido en eso en todos mis registros escolares, en mi solicitud de admisión a Santa Clara y en mis solicitudes de ayuda financiera tanto a Santa Clara como al gobierno federal.

Él me miró unos segundos con los ojos muy abiertos, aspiró profundamente el humo de su cigarrillo y dijo:

—No hay problema con respecto a Santa Clara, pero no estoy seguro en lo que concierne al préstamo federal —el corazón se me bajó al estómago. ¿Podría perder mi beca?

—Si hubiera habido algún problema, ya te lo habría notificado el gobierno federal —dijo, notando mi ansiedad—. ¿Por qué no te haces ciudadano americano? —preguntó—. Eso simplificaría las cosas.

Aunque había nacido en México y estaba orgulloso de ser mexicano, sentía que yo también era americano. Había vivido la mayor parte de mi vida en los Estados Unidos y el país había llegado a convertirse en una parte de mí mismo.

—A mí me gustaría, pero no sé cómo hacerlo.

—Bueno, ésa es una tarea para los dos. Empezaremos por conseguirte un formulario de solicitud.

Una semana después, el padre Shanks me entregó el formulario de petición para la naturalización, y me pidió que lo llenara. Leí de principio a fin el largo documento y me alegré al descubrir que yo calificaba para solicitar la ciudadanía. Era adulto y había estado viviendo legalmente en los Estados Unidos por ocho años, siendo el mínimo cinco. La solicitud exigía presentar dos testigos de cada uno de los lugares en que yo había vivido durante los últimos cinco años. Ellos tenían que ser ciudadanos estadounidenses y estar dispuestos a testificar en una corte a mi favor. Acudí a Darlene Jiménez, mi cuñada, y a Eva Martínez, una amiga de la familia que vivía en

Santa Maria. Ambas aceptaron. El padre Shanks les pidió a Brian Servatius y a Ron Whitcanack, dos estudiantes de Santa Clara, que fueran también mis testigos. Ellos me conocían muy bien. Brian era un estudiante de último año, presidente de Sodality y prefecto en McLaughlim Hall. Ron era uno de mis compañeros de clase y codirector de la Célula Pedagógica de Sodality. Llené el formulario de solicitud, escribiendo "Tlaquepaque, México" como mi lugar de nacimiento. Al escribir la verdad experimenté una sensación extraña pero liberadora.

Unos pocos días después de haber enviado la petición, recibí una carta del Departamento de Justicia de los Estados Unidos, en San Francisco, informándome que debía ir a sus oficinas para someterme a un examen. Yo tenía que demostrar que podía hablar, leer y escribir el inglés. El viernes 12 de febrero le pedí prestado su Volvo a Tom Maulhardt y me dirigí en él al edificio de Inmigración y Naturalización, ubicado en el número 630 de la calle Sansome en San Francisco, para tomar la prueba. Me sentía nervioso pero confiado en que la aprobaría.

James Welsh, el secretario de la corte, me saludó y me informó que él me administraría el examen. Era un hombre bastante mayor, de baja estatura y con una calvicie incipiente. Tenía el pelo gris y llevaba un arrugado traje gris oscuro con una corbata de lazo. Su pequeña y atiborrada oficina tenía una ventana de vidrio que daba a una oficina más grande. Me senté junto a una pequeña mesa de trabajo, a la derecha de su escritorio, que estaba cubierto de papeles. Ajustándose sus anteojos con marco de alambre, él me hizo diversas preguntas sobre la historia y la constitución de los Estados Unidos.

"¿En qué año declaró los Estados Unidos su independencia? ¿Cuáles son las tres ramas del gobierno y cuál es la función de cada una? ¿Cuántos son los artículos de enmiendas a la constitución? ¿Cuál es la treceava enmienda?"

Yo las respondí todas correctamente. Él me dio entonces un formulario con dos juegos de preguntas a las que tenía que marcar "sí" o "no". Leí el primer juego y marqué "no" en las siguientes preguntas: "¿Es o ha sido alguna vez, en los Estados Unidos o en cualquier otro lugar, miembro del Partido Comunista, o ha estado conectado o asociado con él de alguna otra manera? ¿Promueve o ha promovido, enseñado, profesado o de alguna manera consciente apoyado o impulsado los intereses del comunismo? ¿Ha llevado un título hereditario o ha usted pertenecido a alguna orden de nobleza en cualquier estado extranjero? ¿Debe impuestos federales? ¿Ha sido alguna vez paciente de un asilo psiquiátrico o ha sido tratado por padecer enfermedades mentales?" La imagen demacrada del rostro de mi papá se me presentó en la mente al leer esta última pregunta.

Empecé el segundo juego de preguntas marcando "sí" en todas las preguntas con mucha confianza: "¿Cree usted en la Constitución estadounidense y en la forma de gobierno de los Estados Unidos? ¿Está usted dispuesto a jurar alianza incondicional a los Estados Unidos? Si es varón, ¿se ha inscrito alguna vez bajo las leyes de reclutamiento o la leyes del Servicio Selectivo de los Estados Unidos?"

Sin embargo, al llegar a las dos últimas preguntas, la confianza en mí mismo desapareció rápidamente. Podía oír mi corazón latiendo fuertemente al releerlas: "¿Hay algún proceso de deportación pendiente en contra de usted, o ha sido usted alguna vez deportado, o se le ha girado orden de deportación, o ha solicitado la suspensión de la deportación, o el examen previo? ¿Alguna vez se ha hecho pasar como ciudadano de los Estados Unidos?" Yo no quería responderlas, pero no tenía otra alternativa. Mi mano tembló cuando marqué "sí", y di una breve explicación para cada pregunta.

Después de completar el cuestionario, el secretario me dictó una oración: *"I like the American way of life"*. Me gusta el modo de vida americano. Yo la escribí, esperando que no me pidiera que le explicara en qué consistía el "modo de vida americano". Él recogió el cuestionario, lo miró y frunció el entrecejo.

—Disculpe —dijo con firmeza—. Volveré en un momento —a través de la ventana, yo lo podía ver hablando en la oficina más grande con un hombre vestido de traje y corbata. Supuse que era el supervisor. La boca se me secó y sentí una opresión en el pecho. *Ellos van a rechazarme*, pensé. Cuando el empleado regresó, dije una rápida oración silenciosamente—. Tu petición está completa —dijo él, cerrando la puerta tras de sí y colocando el cuestionario sobre su escritorio—. Todas las deposiciones están incluidas y has aprobado el examen. ¡Felicidades!

—Gracias —dije, levantándome y estrechándole la mano. Yo estaba completamente feliz.

—Te contactaremos en aproximadamente un mes.

Cuando estaba a punto de irme, lancé una mirada al cuestionario y observé una nota garabateada en el margen, junto a las dos últimas preguntas, pero no pude descifrar lo que decía. Él captó mi mirada y se sonrió.

El 2 de abril recibí una segunda carta del Departamento de Justicia de los Estados Unidos. La abrí nerviosamente y me senté ante mi escritorio para leerla. "Por este medio se le cita a comparecer en una audiencia sobre su petición de naturalización ante un juez de la corte de Naturalización el martes 13 de abril en la Corte Ceremonial, Sala 415, Edificio de la Corte de Estados Unidos, 450 Golden Gate Avenue, San Francisco, California. Por favor reportarse puntualmente a las 8:15 de la mañana. Los certificados de naturalización serán enviados por correo por el Secretario de la Corte dentro de un plazo de cinco (5) días después de que le sea concedida la ciudadanía."

Yo le mostré ansiosamente la carta al padre Shanks. Él me aseguró que mi ciudadanía había sido aprobada, que la audiencia era una simple ceremonia.

El día de la audiencia me levanté de madrugada y me apresuré a la estación de trenes de Santa Clara, que estaba ubicada a unas pocas cuadras de la universidad. Compré mi boleto de ida y vuelta a San Francisco y tomé asiento junto a una ventana. Mientras el tren salía de la estación, recordé el largo viaje en tren que mi familia y yo habíamos hecho cuando tenía cuatro años.

Nuestro viaje desde Guadalajara a Mexicali en un tren de segunda clase, Ferrocarriles Nacionales de México, nos tomó dos días y dos noches. Yo estaba emocionado e impaciente por llegar a California, porque mi papá nos decía repetidamente que ahí la vida sería mejor. Cuando llegamos a la frontera mexicano estadounidense, Roberto, mis papás y yo esperamos hasta la noche para cruzar el cerco de alambres de púas que separaba los dos países. Caminamos varias millas a lo largo de la pared de alambre, alejándonos del puesto de entrada hasta que descubrimos un pequeño agujero debajo de la cerca. Mi papá se arrodilló y cavó con sus manos una abertura más grande. Todos nos deslizamos a través de ella como serpientes y entramos en California.

El tren a San Francisco se sacudió y los frenos chirriaron al hacer su primera parada. Me asomé por la ventana. El sol estaba empezando a salir.

Aproximadamente una hora después, el tren llegó a San Francisco. Tomé un autobús urbano hacia la calle McAllister y caminé hasta el Ceremonial Court Room en el edificio de la Corte de los Estados Unidos. La espaciosa habitación tenía un techo muy alto y unas ventanas pintadas con artísticas vidrieras. Rápidamente, ésta se llenó de hombres y mujeres que también habían solicitado la ciudadanía. Algunos vestían de traje y corbata, unos pocos llevaban largas túnicas y coloridos turbantes, otros ropa informal. Yo tomé uno de los asientos de adelante y oí que a mi alrededor hablaban en varios idiomas. El secretario de la corte llegó y nos pidió que nos pusiéramos de pie ante el juez que presidía. Después de unas palabras de bienvenida, el juez administró el juramento de ciudadanía americana y al final de la ceremonia recitamos la Declaración de Alianza, que yo me sabía muy bien.

—I pledge allegiance to the Flag of the United States of America and to the Republic for which it stands, one nation under God, indivisible, with liberty and justice for all. (Juro lealtad a la bandera de los Estados Unidos de América y a la república que representa, una nación, bajo Dios, indivisible, con libertad y justicia para todos.)

Nuestras voces llenaron el cuarto de la corte ceremonial como si fueran una oración. Todos habíamos emigrado hacia los Estados Unidos desde diversos países y éramos ahora ciudadanos americanos. Éramos diferentes y a la vez éramos iguales.

Recuerdos de una barraca

Un par de días antes de volver a casa para el verano, al final del trimestre de primavera de mi tercer año, recibí un mensaje de que mi hermano había llamado pidiendo que lo llamara inmediatamente, por cobrar. Supuse que Roberto me llamaba en relación a una carta que yo le había enviado. "Éste ha sido hasta ahora el mejor año en la universidad", le escribí. "Ahora soy ciudadano americano y en todas mis clases me saqué A. Por favor, cuéntaselo al resto de la familia." Cuando le devolví la llamada desde la cabina del teléfono público que estaba en el primer piso de Walsh, Roberto aceptó la llamada y me dijo lo orgulloso que estaba de mis notas y mi ciudadanía. Pero yo podía advertir por el triste tono de su voz que algo andaba mal.

—¿Qué pasa? Se te oye deprimido —presioné la espalda contra la puerta de vidrio para mantenerla bien cerrada—. ¿Papá está bien?

—Sí, Panchito, él está bien —su voz se resquebrajó—. La casa del Rancho Bonetti se quemó totalmente. Nadie salió herido, gracias a Dios, pero se perdió casi todo.

Yo no podía creerlo. Golpeé levemente mi cabeza varias veces contra el marco de la cabina.

—¿Cuándo? ¿Cómo? —pregunté.

—Sucedió hace unas cuantas semanas. Nosotros...

—¿Por qué no me lo dijeron antes?

—Nosotros no queríamos que te preocuparas durante los exámenes finales.

Debí haberlo adivinado.

—Lo siento. Yo no estoy enojado contigo, Toto.

—Ya sé, yo comprendo.

Entonces procedió a explicarme cómo se había producido el fuego. El tendido eléctrico de la barraca era deficiente. Es por eso que los fusibles se quemaban a cada rato.

—Los cables se recalentaron y provocaron un cortocircuito, el cual provocó el incendio —anticipándose a mi siguiente pregunta, añadió—: Mamá, Trampita, Torito, Rorra y Rubén estuvieron con nosotros algunos días, hasta que encontramos una casa de alquiler en el pueblo en la que están viviendo. Es un poco pequeña para todos, así que tú te quedarás con nosotros durante el verano.

Después de nuestra conversación, fui a la Iglesia de la Misión, me arrodillé y recé ante la imagen de San Francisco en la cruz. Me sentía deprimido. Ésta no era la primera vez que mi familia había sufrido un incendio.

Muchos años antes, en septiembre, durante la semana en que yo iba a comenzar el séptimo grado, nos trasladamos, como de costumbre, al Valle de San Joaquín para pizcar uvas

después de haber pasado el verano pizcando fresas en Santa
Maria para Ito, el aparcero japonés. Establecimos nuestro
nuevo hogar en una vieja casa amarilla de madera, de dos
pisos, ubicada a unas quince millas de Orosi, un pueblito cerca
de Fresno. Era la primera casa en que habíamos vivido. El
señor Partini, el propietario para quien pizcábamos uvas, nos
dijo que no podríamos usar el segundo nivel porque los pisos
eran inestables. El primer piso tenía dos cuartos y una cocina
con una estufa de querosén, que estaba colocada sobre una
mesita debajo de una ventana que tenía cortinas de plástico.
Comprábamos el querosén para la estufa en una gasolinera del
pueblo, usando un tanque de cinco galones. Un día, el
despachador de la gasolinera llenó por error el tanque con
gasolina, la cual nosotros vaciamos en la estufa de querosén.
Cuando mi mamá encendió la estufa, ésta explotó en llamas,
prendiéndole fuego a la cocina. Algunos trozos de plástico de-
rretido cayeron al suelo, echando un humo negro que olía a
hule quemado. Roberto agarró una olla con el agua jabonosa
de los trastes y la arrojó sobre la estufa. Fue como echarle
gasolina al fuego. Las llamas se extendieron rápidamente al
piso, y a la hora en que los bomberos llegaron el fuego había
consumido la casa totalmente.

Mi mamá me había consolado por haber perdido en el
fuego mi atesorada libretita que yo usaba para apuntar palabras
que necesitaba aprender en la escuela y las memorizaba mientras trabajaba en el campo, de modo que yo no estuviera muy
rezagado cuando empezara a asistir por primera vez a clases

cada año en el mes de noviembre. Ella me había recordado que yo debía estar agradecido con Dios porque ninguno de nosotros se había lastimado y que no todo estaba perdido porque yo me había aprendido de memoria todo lo que había escrito en la libretita.

Cuando regresé a mi residencia, le conté al padre Shanks que nuestra casa se había quemado completamente y le pedí que rezara por mi familia.

Pocos días después, cuando yo regresaba a casa, él me dio una nota de condolencia y cien dólares de parte del padre William Perkins, vicepresidente de servicios estudiantiles. La nota decía: "Tú y tu familia están siempre en mis oraciones".

Poco después que llegué a la casa de mi hermano, los dos fuimos en coche a ver al resto de mi familia en su nueva casa rentada. Era una casa de dos dormitorios construida a finales de la década de 1940 en el lado oeste de la ciudad. Cuando atravesé la puerta, ellos se sintieron tan felices de verme como yo de verlos a ellos. Mi mamá se veía cansada pero tranquila. Se había pintado los labios, lo cual nunca la había visto hacer antes.

—Me alegro de verte —me dio un abrazo.

—Siento que la casa se quemara —no atinaba a encontrar otra cosa que decir.

—Así es la vida, mijo —dijo—. Pero no hay mal que por bien no venga —me dijo que era más cómodo vivir en esta casa que en la barraca del Rancho Bonetti. La casa tenía inodoro y ducha y el agua se podía beber—. Y la renta es apenas un poquito más alta —añadió ella.

—Me alegro, mamá —le entregué el sobre que el padre Perkins me había dado—. Es un regalo de los jesuitas.

Ella lo abrió.

—¡Gracias a Dios! —exclamó. Sus ojos se humedecieron—. Esto nos ayudará a conseguir unas cuantas cosas que nos faltan. Y con tus ganancias del verano vamos a estar bien.

Rubén y Rorra me contaron emocionados que ellos podían ahora dormir más en la mañana porque podían irse a la escuela caminando en lugar de tomar un autobús. Torito contó algunas cosas sobre su primer año en secundaria.

—Yo quería tomar clases técnicas —dijo—. Pero el señor Penney, mi consejero, me dijo que tomara cursos preparatorios para la universidad. "Tú tienes que ir a la universidad", me dijo.

—Eso está bien —dije.

—Torito tiene novia —dijo Rorra.

Mi hermano se sonrojó y puso los ojos en blanco.

—Enséñale su foto a Panchito —dijo Rubén. Él y Rorra se miraron uno al otro y soltaron una risita.

—Anda, mijo —dijo mi mamá—. Enséñasela. Marcy es una chica muy simpática y muy bella.

Torito entró en su cuarto y regresó llevando una pequeña foto a colores de ella y me la entregó. Tenía cara redonda, piel morena, cabellos cortos negro azabache y ojos almendrados.

—Es muy linda —dije, devolviéndole la foto.

—Marcy es realmente lista —dijo Roberto—. Ella le ayuda a Torito con sus tareas escolares.

Yo estaba sorprendido de que Trampita no se burlara de Torito porque Marcy le ayudaba con sus deberes escolares. Él escuchaba la conversación pero se mantenía callado.

—¿Cómo te va? —le pregunté al rato, dirigiendo mi atención hacia él.

—Regular —dijo, mirando un crucifijo dañado por el humo que colgaba en la pared y que había sido rescatado del incendio.

—¿Sólo regular?

—Me gusta aquí, pero extraño el Rancho Bonetti.

—¿Por qué? —preguntó Roberto.

—Es difícil de explicar. Yo escribí un poema sobre eso —agregó.

—Léenoslo —dije.

—No, yo te lo daré. Tú lo puedes leer después.

Cuando Roberto y yo nos íbamos, Trampita me dio su poema dentro de un sobre grande de manila. Esa noche, antes de acostarme, lo leí. Su título era: "Mi casa ya no me avergüenza".

La boca se hace agua
Con estaciones pasadas
Recordando...
Viviendo en las barracas
De bélica apariencia

Trofeos de ruinas
Viejos y gastados
Para alojar a los humillados
Por haber nacido
Pobres.

. . . .

Tras la escuela éramos los primeros
En bajar del autobús,
Mis amigos preguntaban
En qué casa vivía.
Apenado respondía
"En ésa". Luego me bajaba
En una casa que no era
La mía;
Blanca como la nieve
Verde como el jade.
Y caminaba a casa apenado y confuso
Sintiéndome utilizado.

. . . .

Recuerdo esa casa
Avergonzado yo estaba
Del lugar en que vivía
Nunca le dije a mi mamá
Porque yo no podía comprender
Ese sentimiento que yo bien sabía
No era correcto
Que me avergonzara

Del calor que me daba
El hogar que ella creaba.

. . . .

Finalmente nos mudamos al pueblo.
Fue tras aquella noche
En que volví al hogar
Y encontré nuestra casa
Ardiendo
El cielo estaba rojo
Con las llamas que escupía
Luces centellantes, camiones de bomberos,
Caras petrificadas,
Abandonada la esperanza
Destruida por las llamas
De la poderosa hazaña.
Ojos humedecidos, nublando nuestras vistas
Tan acostumbradas al dolor
Sin saber por qué nuestras lágrimas
No extinguían aquellas llamas.
Mi alma murió una y otra vez.

He visitado ese hogar de nuevo
Muchas veces.
Aún viven ahí familias
Nuevas caras, sonidos familiares.
Almas familiares.

¡Sí! Recuerdo esa casa.
La casa que ya
No me avergüenza.

La mañana siguiente fui en el coche al Rancho Bonetti y visité el lugar donde una vez estuvo nuestra barraca. Sólo quedaban trozos de vidrio quebrado, metal chamuscado y alambres retorcidos y cenizas. El árbol grande de pimiento que nos había proporcionado sombra también estaba dañado. Sus ramas carbonizadas colgaban hacia abajo, lamentando la pérdida de una buena amiga. Permanecí ahí por largo tiempo recordando nuestra vieja barraca, que nos brindó abrigo por tantos años, protegiéndonos del frío, del viento y de la lluvia y de un mundo exterior que era a veces desconcertante y hostil.

En solidaridad

Al comienzo del tercer trimestre de mi último año, yo tomé una decisión a la cual mi mamá se opuso fuertemente y que afectó mis notas parciales en mi clase de ética: decidí apoyar la lucha de César Chávez para sindicalizar a los trabajadores agrícolas.

—Vamos a perder nuestros empleos; nos correrán si hacemos huelga, mijo —me dijo mi mamá—. ¿Quién va a alimentar a nuestra familia cuando estemos sin trabajo?

Yo le expliqué que si los trabajadores hacen huelga y se afilian a la Asociación Nacional de Trabajadores Agrícolas, los dueños de las granjas se verían forzados a darnos a nosotros y a otros trabajadores agrícolas un seguro contra el desempleo, mejores condiciones de trabajo, y a garantizar un salario mínimo.

—¡Ay, mijo, piénsalo bien! Los granjeros tienen todo el poder. Los trabajadores agrícolas pobres, como nosotros, no tenemos ninguna posibilidad de ganarles —yo dejé de discutir con ella por respeto. Además, comprendía sus temores.

Me afiancé en la convicción de que había tomado la decisión correcta después de asistir a un foro sobre el tema de los trabajadores agrícolas que tuvo lugar a mediodía del 4 de abril frente al edificio de la Unión de Estudiantes.

El padre Tenant Wright, un joven y dinámico sacerdote jesuita que organizó el evento, se paró en medio de un grupito de estudiantes y preguntó: "¿Es necesario formar un sindicato para representar a los trabajadores agrícolas"? Miró en derredor y gritó la misma pregunta, instando a los estudiantes que pasaban por ahí a unirse a la creciente multitud. A medida que crecía la concentración, vi a Laura a unos cuantos pies de distancia. Me abrí paso a codazos entre el gentío hasta el lugar donde se encontraba ella y me paré a su lado. Me alegraba que ella estuviera ahí.

El padre Wright explicó el propósito de aquel foro. Dijo que la huelga de uvas en Delano había empezado siete meses atrás, cuando los trabajadores agrícolas de Delano se retiraron de las granjas viñeras de uvas de mesa, exigiendo salarios que estuviesen al nivel del salario mínimo federal. La huelga estaba siendo dirigida por César Chávez y Dolores Huerta, de la Asociación Nacional de Trabajadores Agrícolas (NFWA). Ellos les estaban pidiendo a los trabajadores agrícolas que se unieran a su sindicato.

—Una vez más: ¿Es esto necesario? —preguntó el padre Wright—. Para ayudarnos a responder a esta pregunta, he invitado a dos personas a hablar sobre este tema.

El padre Wright presentó entonces a Frank Bergon, hijo de un granjero, que expuso la posición de los granjeros, y a Les

Grube, distribuidor de huevos y activista de larga trayectoria en programas católicos de asistencia social, quien defendía el punto de vista de la NFWA. Bergon dispuso que los trabajadores agrícolas ya estaban bien pagados y que el número de huelguistas era pequeño.

¿Cómo puede decir eso? Puse los ojos en blanco y sacudí la cabeza. A los jornaleros agrícolas se les pagaba ochenta y cinco centavos la hora y a veces menos.

—¿Por qué no dices algo? —dijo Laura.

Sentí el corazón latiéndome aceleradamente y un fuego en el estómago, pero yo aún era demasiado tímido para hablar ante un público numeroso. Supe que la había defraudado y deseé no haber estado con ella en ese momento. Ella se disculpó por retirarse y se fue a su clase.

Después del debate yo tomé un volante que me dio un representante de la NFWA y me apresuré a regresar a mi cuarto con el fin de prepararme para mi clase de ética de esa tarde. Completé la tarea de lectura de nuestro libro de texto titulado *Right and Reason* (Derecho y razón) y luego leí el volante. Era una invitación abierta de César Chávez para unirse a él en una marcha hacia Sacramento.

El 17 de marzo de 1966 la Asociación Nacional de Trabajadores Agrícolas iniciará una peregrinación de 300 millas de Delano a Sacramento. Ésta es una marcha de trabajadores agrícolas. Comenzará en Delano y en ella participarán trabajadores de todas partes del estado . . . Será un peregrinaje realizado por miembros de todas las razas y religiones. Para alcanzar el triunfo, necesitamos la ayuda de nuestros amigos en todo el estado y la nación. Nosotros le solicitamos que se una a nosotros por un día en la marcha y especialmente durante el último día en Sacramento. Aunque ésta es ante todo una marcha de trabajadores agrícolas, es importante que todos aquellos preocupados por la justicia social y la dignidad humana demuestren su unidad con nosotros . . .

Puse el volante sobre mi escritorio y me puse a caminar en el cuarto de un lado a otro, pensando en si yo debería unirme a la marcha o no. Había aprendido en Sodality, así como en mis clases de religión y filosofía, que era una obligación moral el luchar por la justicia social. Yo recordaba al padre Shanks diciéndome que los líderes deben tener un fuerte sentido de la responsabilidad personal, y dar algo de ellos mismos para impulsar el cambio positivo en la sociedad. Mentalmente, me parecía que unirme a la marcha era la acción correcta; pero también lo sentía con el corazón cuando recordaba a mi familia y otros jornaleros migrantes trabajando en los campos de sol a sol, siete días a la semana, viviendo en carpas y sufriendo hambre durante los fríos meses de invierno cuando no había trabajo. Recordaba a mi mamá llorando y rezando porque Torito se estaba muriendo y nosotros no teníamos dinero para llevarlo al médico. Me acordaba de mi papá agobiado por el constante dolor de espalda y apoyándose en mí cuando lo encontré solo en el cobertizo de almacenamiento. Recordaba a Gabriel, un bracero, que fue despedido porque se negó a atarse una soga en la cintura y jalar de un arado como un buey. Yo revivía en mi mente aquella escena y me parecía estar oyendo sus palabras. "Díaz me puede correr... pero no puede forzarme a hacer lo que no es justo. Él no puede quitarme la dignidad. Eso no lo puede hacer."

Una ola de tristeza y de coraje se apoderó de mí. Yo tenía que unirme a la peregrinación a Sacramento.

Al concluir mi clase de ética, le dije al padre Charles McQuillan, el instructor, que faltaría a la clase el jueves porque había decidido unirme a la marcha a Sacramento. Él me recordó que ese día teníamos examen.

—Supongo que pensaste bien esto y estás al tanto de las consecuencias —dijo, ajustándose su cuello romano.

—Sí. Pero esperaba que usted me permitiera hacer el examen en otra ocasión.

—Sabes que yo no hago exámenes especiales.

—Sí, yo lo sé, pero...

—Así que, ¿vale la pena sacrificar tu calificación por ir a la marcha? —preguntó él, clavándome la vista en los ojos.

—Sí —dije sin vacilación.

—Entonces, anda. Algunas veces tenemos que hacer sacrificios por lo que creemos —sonrió y me estrechó la mano.

Yo le agradecí y me dirigí a buscar a Jerry McGrath, el decano de los estudiantes, quien me había contratado de nuevo ese año como prefecto. Yo necesitaba obtener su aprobación para poder salir del campus. Me alegré de que él estuviera ya enterado de la marcha y que la apoyara. Él autorizó mi petición con tal que Tim Taormina, mi compañero de cuarto con quien también compartía mis responsabilidades de prefecto, me reemplazara en mis obligaciones. Tim aceptó hacerlo a cambio de que yo lo reemplazara durante los dos fines de semana siguientes.

Tres días antes de Pascuas, la mañana del Jueves Santo, el siete de abril a las cinco de la mañana, Jerry McGrath nos llevó a cuatro estudiantes y a mí en un microbús de ocho pasajeros en un viaje de hora y media, hasta que encontramos la cola de la manifestación. Era una larga, delgada y serpenteante fila avanzando lentamente por las llanuras del Valle Central, siguiendo la autopista 99, cerca de la ciudad de Lodi. Nos bajamos del microbús y nos unimos a la pacífica marcha hacia Sacramento. Me apresuré para llegar al frente de la procesión, dejando atrás a mis compañeros de clase.

Delante de mí, a unos cuantos pasos de distancia, marchaba César Chávez. Él caminaba flanqueado por trabajadores agrícolas que portaban la bandera estadounidense, la bandera de México, la bandera de las Filipinas y un pendón de la Virgen de Guadalupe. Al verlo me sentí emocionado, y traté de adelantarme a otros manifestantes para acercarme a él, pero uno de los monitores me detuvo y me pidió que me volviera a mi lugar en la fila. Quedé detrás de un muchacho que llevaba *shorts*, una camiseta blanca, una gorra de los Gigantes y un brazal rojo con un águila azteca negra. Miré detrás de mí y vi a un hombre mayor que me recordó a mi papá. Sus manos y su rostro estaban curtidos por la intemperie. Llevaba pantalones kakis, una camisa de manga larga desteñida y una gorra manchada de sudor. En cada mano llevaba una bandera de la huelga. Cuando le sonreí, estiró el brazo y me dio una de las banderas que llevaba.

El candente sol brillaba en el cielo azul pálido. Podía sentir el asfalto calcinante en las plantas de mis cansados pies, mientras seguíamos caminando a lo largo de centenares de acres de campos verdes que se extendían por muchas millas a ambos lados de la autopista 99. Mi familia había recorrido este mismo camino un año tras otro, durante nueve años, buscando trabajo durante las épocas de cosecha de uvas y algodón. Habíamos pasado por Tulare, Visalia, Selma, Fowler, Parlier y Fresno. A lo lejos, distinguí una avioneta de fumigación amarilla volando sobre los campos, dejando un rastro de nubes grises detrás. Eso me recordó cuando pizcábamos fresas y teníamos que agazaparnos mientras las avionetas de fumigar volaban sobre nuestras cabezas y rociaban los campos con químicos que nos hacían arder y llorar los ojos durante varios días. Hoy sentía coraje y pesar cuando veía a los trabajadores agrícolas desahijando agachados remolacha de azúcar con el mismo tipo de azadón cortito que Roberto y yo usábamos cuando desahijábamos lechuga en Santa Maria. Sentía su dolor al recordar cuánto nos dolía la espalda de estar agachados todo el santo día. Los trabajadores agrícolas se enderezaban lenta y dolorosamente y se quedaban viéndonos. "¡Vénganse con nosotros!", les gritó uno de los organizadores, tratando de animarlos a unirse a nosotros.

Los jornaleros saludaban con la mano y seguían trabajando. *Ellos deben tener miedo, como mi mamá, de perder sus trabajos,* pensé.

Cuando los conductores hacían sonar el claxon de sus autos y saludaban con la mano, yo les sonreía y levantaba la bandera. El conductor de una camioneta *pick up* hizo una señal grosera con el dedo del medio y nos gritó por la ventana: "¡Regresen a México!"

Qué idiota, pensé, mientras ardía de coraje. A lo largo del camino, los simpatizantes locales se nos unían por un rato, mientras otros nos ofrecían tacos de arroz con frijoles y agua para el almuerzo.

Esa noche nos congregamos en las afueras de Galt, un pueblito donde los organizadores habían planeado un programa para nosotros. Ellos repartieron volantes a los residentes, pidiéndoles que boicotearan las uvas de mesa y todos los productos Schenley hasta que Schenley reconociera a la NFWA. Ellos nos distribuyeron copias del Plan de Delano, que describía el propósito de la marcha a Sacramento. Nosotros cantamos "Sí, se puede" y canciones como "De colores". Luis Valdez, un joven fornido y vigoroso, con cabello negro azabache y bigote al estilo de Emiliano Zapata, se subió en una improvisada plataforma de madera y empezó a leer el Plan de Delano con una voz profunda y potente.

Éste es el comienzo de un movimiento social por las vías de hecho y no a través de pronunciamientos. Aspiramos a nuestros derechos básicos, que nos fueron concedidos por Dios como seres humanos. Debido a que hemos sufrido —y no tenemos miedo de sufrir— con el fin de sobrevivir, estamos dispuestos a sacrificarlo todo, incluso nuestras vidas, en nuestra lucha por la justicia social. Lo haremos sin violencia porque ése es nuestro destino . . .

Buscamos y tenemos el apoyo de la Iglesia en lo que hacemos. A la cabeza del peregrinaje llevamos a la Virgen de Guadalupe porque ella es nuestra, de todos nosotros, patrona del pueblo mexicano. También llevamos la Santísima Cruz y la Estrella de David porque no somos sectarios, y porque pedimos la ayuda y las oraciones de todas las religiones. Todos los hombres son hermanos, hijos del mismo Dios . . .

Nuestros hombres, mujeres y niños han sufrido no sólo la brutalidad propia de las pesadas faenas agrícolas y las injusticias más obvias del sistema; ellos han sufrido también la desesperación de saber que el sistema respalda la codicia de hombres inescrupulosos y no nuestras necesidades. Ahora sufriremos con el fin de terminar la pobreza, la miseria y la injusticia, con la esperanza de que nuestros hijos no sean explotados como lo hemos sido nosotros . . .

Nosotros tenemos que unirnos. Hemos aprendido el significado de la UNIDAD. Sabemos por qué estos Estados Unidos están justamente así, unidos. La fuerza de los pobres también está en la unión. Sabemos que la pobreza del trabajador mexicano o filipino en California es la misma que la de todos los trabajadores agrícolas en todo el país, los negros y los blancos pobres, los puertorriqueños, japoneses y árabes;

en resumen, todas las razas que comprenden las minorías oprimidas de los Estados Unidos. La mayoría de la gente en nuestro peregrinaje es de origen mexicano, pero el triunfo de nuestra raza depende de una asociación nacional de todos los trabajadores agrícolas . . .

Nosotros mantendremos la huelga . . . Queremos ser iguales a todos los trabajadores de esta nación; queremos un salario justo, mejores condiciones de trabajo y un futuro mejor para nuestros hijos. A aquellos que se nos oponen . . . les decimos que vamos a continuar luchando hasta morir o vencer. NOSOTROS TRIUNFAREMOS.

Ha llegado la hora de la liberación del trabajador agrícola pobre.

La historia está de nuestra parte.

¡QUE SIGA LA HUELGA!

¡VIVA LA CAUSA!

¡VIVA LA HUELGA!

¡Viva la causa! ¡Viva la huelga!, gritamos todos. Sentí una ola de energía que no había experimentado nunca antes. Cuando César Chávez subió al estrado, nos aquietamos. Nos agradeció por nuestro apoyo y dijo: "Si ustedes están indignados por las condiciones prevalecientes, entonces no podrán ser libres ni felices hasta que dediquen todo su tiempo a cambiarlas y no hagan nada más que eso. Luchar por la justicia social, me parece, es uno de las más profundas formas en que hombres y mujeres podemos decirle sí a la dignidad humana, y eso significa realmente sacrificarse. La mejor fuente de poder, la mejor fuente de esperanza, emana directamente de ustedes, el pueblo. El boicot no es sólo un asunto de uvas y lechugas. El boicot es básicamente el pueblo, es básicamente la preocupación del pueblo por el pueblo". Sus palabras acerca del sacrificio y la preocupación por los demás reflejaban las ideas que yo había aprendido en Sodality y en mis clases de ética. Ellas me conmovieron y me dieron valor.

Esa noche fuimos alojados por familias locales cuyos hogares eran como muchos de los lugares en que mi familia había vivido: pequeñas cabañas de trabajadores agrícolas, sin electricidad ni agua corriente. Algunos participantes de la marcha durmieron afuera, sobre la hierba, y otros debajo de los árboles.

El domingo de Pascua, miles de nosotros entramos en Sacramento. Nos apoderamos de las gradas del Capitolio, donde César Chávez anunció que Schenley había aceptado reconocer al sindicato. Todos aplaudimos y gritamos con alegría "¡Sí se puede!" durante varios minutos. Después de agradecer a los sindicatos, la Iglesia y a todos los estudiantes y trabajadores que defendían los derechos sociales y que nos habían ayudado a ganar esta victoria, César Chávez nos dijo en español: "Es bueno recordar que debe haber valor, pero también que, en la victoria, debe haber humildad".

Mientras él continuaba hablando, yo miraba el estandarte de la Virgen de Guadalupe y sentía profundamente el sufrimiento y el dolor de los trabajadores migrantes. *¿Qué puedo y debo hacer en mi vida para ayudarles?*, me pregunté. Aún no tenía la respuesta.

Providencia

Durante mi tercer año yo había comenzado a tomar los cursos de pedagogía requeridos para a ser maestro. El padre Louis Bannan, un sacerdote jesuita con quien tomaba psicología de la educación, me animó a seguir la carrera de maestro de secundaria. Él era gentil y amable como el Sr. Lema, mi maestro de sexto grado. Su método de enseñar era involucrarnos en discusiones muy apasionadas pero respetuosas. Mis planes de enseñar en secundaria se vieron cambiados, sin embargo, algunos meses antes de la graduación.

El trimestre de otoño de mi año último año recibí por el correo del campus una carta del profesor Bernard Kronick, director del Departamento de Ciencias Políticas y director de becas, informándome que había sido nominado por la universidad para una beca Woodrow Wilson. Me pedía pasar por su oficina para recoger el formulario de solicitud. Yo fui a verlo esa tarde al terminar las clases.

—Gracias por venir. Por favor, toma asiento —dijo él, en una voz baja y reservada. Era un hombre bajo y grueso, y con una calvicie en la frente y en la coronilla. Se aflojó la corbata, se quitó su apretada chaqueta y la colgó sobre el respaldo de la silla.

—Felicidades, Frank —dijo él, inclinándose hacia adelante para entregarme un gran sobre—. Ésta es la solicitud que tienes que llenar.

—Gracias —tomé el sobre y lo coloqué en mi regazo.

—El programa de la beca Woodrow Wilson busca estimular a los graduados universitarios a seguir la carrera de profesores universitarios.

—Pero yo tengo planeado enseñar en la secundaria.

—¿No has pensado en dar clases a nivel universitario?

—No —yo sacudí la cabeza.

—Bueno, pues no deberías descartarlo. Como te dije, esas becas nacionales son para animar a los estudiantes destacados, como tú, a enseñar en la universidad. Piénsalo.

—Lo haré —respondí dudoso y mirando el grueso sobre.

—Ya de por sí es un honor el hecho de ser nominado, así que no te decepciones si no te la conceden. Estas becas son muy competitivas.

Yo le agradecí y regresé a mi cuarto, me senté ante mi escritorio y abrí el sobre. Leí todo el formulario de la solicitud, pensando a la vez *No soy tan inteligente como para enseñar en la universidad.* Esa noche, después de cerrar el laboratorio de idiomas, le dije a Laura que había sido propuesto para la beca.

—Eso es maravilloso. ¡Felicidades!

Cuando le dije que no estaba seguro si debía solicitar, que

el formulario era realmente muy extenso y que no tenía tiempo para llenarlo, ella me dijo:

—¡Debes estar bromeando!

Me quedé en silencio por unos instantes, mientras ella esperaba pacientemente una respuesta. La miré y luego bajé la vista y dije: —No creo que tenga ninguna posibilidad.

—Claro que sí la tienes —dijo ella sonriendo—. ¿Por qué te iba a nominar la universidad si no fuera así? —de repente sentí los hombros cargados de un enorme peso—. Si tú no solicitas, no obtendrás la beca —agregó ella.

Yo trabajé varios días seguidos llenando la solicitud. Escribí una declaración personal describiendo mis experiencias infantiles y explicando por qué aspiraba a ser profesor. Le pedí al padre Shanks, al doctor Vari y al padre O'Neill cartas de recomendación. (Lamentablemente, la doctora Hardman de Bautista se había ido de la universidad, así que no pude pedirle una). Unas pocas semanas después de haber enviado la solicitud, recibí una carta de la Fundación Woodrow Wilson donde me informaban que yo era uno de los finalistas a nivel regional.

Me sentí alegre pero, al mismo tiempo, preocupado. La posibilidad de asistir a la escuela de postgrado para obtener un doctorado me intimidaba. Cuando supe que tendría una entrevista la semana siguiente en la Universidad de Stanford, donde estaban evaluando a los finalistas regionales, me sentí todavía más tenso. Corrí a ver al padre O'Neill para hablarle al respecto.

—Enhorabuena —dijo él, con su voz suave y ronca. Se levantó

y me estrechó la mano—. Enhorabuena —repitió. Se sentó lentamente y puso sus temblorosas manos sobre su regazo.

—Me preocupa la entrevista. Temo que no saldré bien.

—Claro que sí. Debes tener confianza. Recuerda, Dios está a tu lado. ¿Cuándo es la entrevista?

—El próximo miércoles a las dos.

—Debes vestirte bien. Ponte el traje que te dio la señora Hancock.

—Es muy grande —dije. Aunque habían pasado dos años, yo no había logrado que el traje rayado de su marido me quedara.

—Oh... no importa —dijo pensativamente—. Nomás asegúrate de ponerte una corbata.

Se levantó lentamente, se ubicó detrás de su silla y se agarró del respaldo de ésta con ambas manos y dijo:

—¿Puedes hacerme un favor y acompañarme a la tienda de Macy's en Valley Fair? Necesito comprar unos calcetines. No tomará mucho tiempo.

—Claro. Iré con mucho gusto —me pregunté por qué me invitaba, pero pensé que negarme sería irrespetuoso. Mientras nos dirigíamos al estacionamiento de los jesuitas detrás del edificio de Varsi, observé que se inclinaba ligeramente hacia delante y sus hombros se encorvaban un poco más que el año anterior. Nos trasladamos al amplio centro de compras y estacionamos el sedán de dos puertas blanco cerca de Macy's. Yo lo seguí al departamento de hombres, donde él tomó tres pares de calcetines negros. Se dirigió a la sección de trajes y empezó a examinar diversos estilos y colores.

—¿Qué número de traje usas? —preguntó.

—No estoy seguro.

—Toma, pruébate éste —tomó un traje azul del perchero. Es tamaño cuarenta, regular.

—Oh, yo no puedo comprar ese traje.

—No cobran nada por probárselo. ¡Pruébatelo! —él se asió de un costado del perchero y yo me puse la prenda.

—¡Es muy largo! —miré la etiqueta del precio y fruncí el ceño.

Él captó mi mirada, se sonrió y sacudió la cabeza.

—A ti el que te queda debe ser seguramente el 38 corto. Hurgó entre la fila de trajes con su mano derecha, mientras se sostenía con la izquierda en la parte superior del perchero—. ¡Aquí hay uno! Es verde claro. ¿Te gusta?

En ese momento yo sospeché que él iba a ofrecer comprármelo.

—Sí —dije probándome la chaqueta. Me quedaba perfectamente. Tomé la percha y colgué de nuevo la chaqueta junto con los pantalones. Estaba a punto de colocar el traje en el perchero cuando el padre O'Neill me lo arrebató.

—Tú llevarás esto para tu entrevista —dijo firmemente. Yo te lo voy a comprar.

Me quedé sin habla, aun cuando yo había adivinado antes que él quería comprármelo. Mis ojos se humedecieron al mirarlo. Dándome tiempo a recobrar la compostura, agregó:

—De hecho, no soy yo exactamente el que lo está comprando, sino la comunidad jesuita.

Al cabo de un tiempo que me pareció una eternidad, dije finalmente:

—Gracias, padre. Quisiera tener las palabras para decirle cuánto se lo agradezco.

—De nada. Algún día tú harás lo mismo por alguna otra persona.

Le dejé el par de pantalones al sastre para que los ajustara a mi medida y dos días después el padre O'Neill y yo los recogimos juntos en Macy's. Él también me compró una corbata que hacía juego con el traje. Cuando regresamos a su oficina, me dio una manzana y una naranja, y un juego de sencillas y cuadradas mancuernillas de color dorado.

—Quiero que te pongas esto —dijo él sonriendo—. Las he tenido durante muchos años. Yo tengo otro par —le agradecí varias veces. Mientras yo salía de su oficina, agregó—:

No lo olvides: mantén tu cabeza en alto. Tú saldrás bien en la entrevista. Confía en Dios.

El día anterior a la entrevista, yo estaba tan nervioso como el primer día de clases en mi primer año. Sentía el estómago revuelto. Asistí a la misa temprana en la Iglesia de la Misión y tomé de desayuno una tostada de pan con jalea de fresa y una taza de té. Después de asistir a mis dos clases de la mañana regresé a mi cuarto, me puse el traje nuevo, ingerí un almuerzo liviano en Benson y me dirigí a la Universidad de Stanford en el Volkswagen que me había prestado la noche antes Ernie De Gasparis. Mientras manejaba hacia la autopista 101, lamenté haber fallado a mi clase de literatura latinoamericana contemporánea. Ésa era la tercera vez que había faltado a una clase en la universidad.

A medida que me acercaba más a Stanford aumentaba mi ansiedad. Tomé la salida por Embarcadero Road, el cual desembocaba en la calle Gálvez. La entrada al campus estaba flanqueada con palmeras, al igual que la entrada a la Universidad de Santa Clara. Estacioné el coche cerca de unos árboles de eucalipto, que olían a chicle dulce. Su característico olor me recordó la vez que mi familia y yo llegamos por primera vez a Santa Maria, desde México, cuando yo tenía cuatro años. Teníamos sólo siete dólares y ningún lugar donde dormir, así que pasamos la noche sobre un lecho de hojas debajo de los eucaliptos. Cerré mis ojos por unos instantes. "Esto parece un sueño", me dije.

Salí del coche y seguí las señales hasta llegar al edificio Quad, el cual estaba rodeado de arcos de piedra arenisca. Entré por la puerta principal de la History Corner y leí un rotulito que decía "Entrevistas Woodrow Wilson, sala 105". Respiré profundamente, me limpié las manos sudorosas en los lados de mi chaqueta, me ajusté la corbata de prensar y golpeé en la puerta.

Un hombre alto y delgado, con un traje azul marino, salió, me saludó y se presentó como el doctor Otis Pease. Recordé su nombre porque Pease, en inglés, suena igual que *peas*, lo cual en español significa chícharos. Sin embargo, estaba tan nervioso que no capté los nombres de los otros dos hombres que también vestían trajes y se mostraron muy amigables. Me senté ante una mesa rectangular de madera colocada frente a ellos con mis piernas enrolladas en las patas de la silla para que las piernas no me temblaran. Cada miembro del comité tenía una carpeta de manila, la cual yo suponía contenía mi solicitud y las cartas de recomendación. El doctor Pease, jefe del comité de entrevistas, empezó haciendo un comentario sobre mis calificaciones.

—Tus antecedentes académicos son impresionantes —dijo, abriendo una carpeta y mirándola—. Tienes 3.8 de GPA general en tus dos últimos años y 3.9 en tu especialidad. Ahora cuéntanos acerca de ti y por qué estás interesado en seguir la carrera de profesor.

Mientras yo hablaba, los tres hombres sonreían periódicamente y se miraban unos a otros. Esto me hacía sentir más confianza. Una vez que concluí mi respuesta, los otros dos entrevistadores entablaron conmigo un intercambio de ideas sobre literatura española y sobre literatura e historia latinoamericana, lo cual agradecí porque yo había tomado varios cursos sobre historia de México y Sudamérica impartidos por el Dr. Matt Meier, uno de mis profesores favoritos. Al final de la entrevista, el doctor Pease me informó que el comité pasaría sus recomendaciones al comité nacional de la beca Woodrow Wilson, el que a su vez haría la decisión final.

Unos días después, recibí una carta de Hans Rosenhaupt, director nacional de la Fundación Woodrow Wilson. Ésta decía:

El comité de selección que lo entrevistó lo ha recomendado
a usted para una beca y el comité de Selección Nacional ha

aceptado la recomendación. Tengo el placer de ofrecerle la beca Woodrow Wilson para el año académico 1966–1967.

Dado que sólo 1.400 socios fueron elegidos este año entre un total de 13.000 nominados cuidadosamente seleccionados, esta elección demuestra gran confianza en su potencial como profesor y como académico.

De los fondos otorgados por la Fundación Ford, los beneficiarios de la beca Woodrow Wilson reciben un estipendio para su manutención, colegiatura y pagos de cuotas en una universidad de su elección, y su universidad de postgrado recibe una subvención adicional. Aunque un becado de la Woodrow Wilson no está obligado a convertirse en profesor universitario, se espera de él que complete un año de estudios de postgrado y que evalúe seriamente la posibilidad de dedicarse a la docencia universitaria.

Los miembros del Comité Nacional de Selección y los ejecutores se unen a mí para felicitarlo calurosamente por el honor que le ha sido concedido.

Yo no podía creerlo. Leí la carta dos veces para asegurarme de que iba dirigida a mí. Que yo no tendría que trabajar de tutor por el alojamiento y la comida ni tendría que recibir préstamos del gobierno federal, era algo que tampoco podía creer. Recé una oración ante la imagen de la Virgen de Guadalupe clavada en mi escritorio y salí corriendo del cuarto para agradecer y compartir las buenas nuevas con todas las personas de la universidad que me eran más cercanas: el padre Shanks, el padre O'Neill, el doctor Vari, Laura, Emily y Smokey. Llamé

a Roberto y Darlene y se los dije. Ellos estaban tan emocionados como yo y prometieron contárselo al resto de la familia.

Esa noche, después de tranquilizarme, me invadió una ola
de temor. ¿Qué pasaría si se me hiciera imposible trabajar para
ayudar a mi familia durante mis estudios en la universidad de
postgrado? ¿Qué tal si fallara en la universidad de postgrado?
Esos pensamientos me mantuvieron despierto toda la noche.
La mañana siguiente, me sentí cansado y desanimado. Yo releí
la carta y me dirigí apresuradamente a Walsh Hall para ver al
padre Shanks.

—Tú debes tener más confianza en ti mismo, Frank. No
tengo ninguna duda de que triunfarás en la universidad de
postgrado. A ti no te hubieran dado la beca si no fueras capaz
de desenvolverte académicamente a nivel de postgrado. Piensa
nomás que con un postgrado podrás enseñar en una universidad o ser consultor del gobierno en relaciones internacionales.
En lo que concierne a tu familia, no debes preocuparte. Las
becas de postgrado proveen estipendios para los dependientes.

Al saber que las becas proporcionaban fondos para los dependientes y al ver la confianza que él tenía en mí se
apaciguaron mis preocupaciones. Yo podía usar dinero de la
beca para ayudar a mantener a mi familia.

Dos semanas antes de la graduación recibí una segunda
carta de Hans Rosenhaupt, instándome a asistir a la Universidad de Columbia en Nueva York en lugar de la Universidad de
Emory, la otra universidad de postgrado a la que me aconse-
jaron solicitar cuando fui postulado a la beca Woodrow
Wilson. Él escribió lo siguiente: "Considerando las ventajas

académicas, así como la posibilidad de recibir apoyo permanente en Columbia, le aconsejaría que aceptara la oferta de Columbia. Déjeme saber por telegrama de cobro revertido si está dispuesto a asistir a la Universidad de Columbia".

Después de enviar el telegrama a la Fundación Woodrow Wilson informándoles que asistiría a Columbia, hice una visita a la Iglesia de la Misión para agradecer esa inesperada bendición.

La graduación

"En un par de días me graduaré", me dije mientras terminaba mi examen final de ética, el último de mi carrera universitaria en Santa Clara. Le entregué mi libreta azul al padre McQuillian y salí del aula sintiéndome feliz y aliviado. En el camino a mi cuarto en Dunne, pasé por los olivos que flanqueaban los Jardines de la Misión y miré los jardines con exuberante grama verde y las altas palmeras de dátiles. Me senté en las gradas frontales de Varsi pensando en la graduación y en mi viaje a Columbia. Observé los peces dorados deslizándose en silencio en el estanque. Levanté la vista y descubrí una nube blanca que se movía lentamente por el cielo azul y la seguí con mis ojos mientras cambiaba de forma varias veces hasta que se desvaneció.

De repente, la idea de abandonar Santa Clara me hizo sentirme triste. Después de la graduación ya no podría pasar tiempo junto a Laura, ni visitaría al padre O'Neill en su oficina para dar juntos un paseo. Tampoco vería a Emily ni a Smokey, ni iría a los bailes posteriores a los juegos, ni hojearía los libros por placer en la Biblioteca Orradre. En mi primer año yo había estado ansioso de que el tiempo pasara velozmente, sobre todo cuando las cosas iban mal en casa. Ahora, en cambio, deseaba que el tiempo se detuviera. Regresé pasando por los jardines y entré a la Iglesia de la Misión, donde el tiempo muchas veces parecía haberse detenido. Me arrodillé y recé una oración ante la pintura de San Francisco en la cruz, la misma ante la que había orado muchas veces antes, y disfruté del silencio y del olor del incienso y de las velas ardiendo. Me quedé ahí por un largo tiempo y luego regresé a mi cuarto, sintiéndome feliz y triste al mismo tiempo.

La noche del viernes llamé a Roberto desde un teléfono público, el cual estaba en el corredor a dos puertas de mi cuarto, para darle los detalles sobre la ceremonia de graduación. Cerré bien la puerta de vidrio y me puse la mano en el oído derecho para bloquear el ruido que provenía de los estudiantes que celebraban el fin del año académico.

—Todos estamos emocionados, Panchito. ¡Mañana es el gran día! Saldremos muy temprano en el coche.

—¿Quiénes vienen?

—Mamá, Torito, Rubén y Rorra irán también, pero no Trampita.

—¿Por qué no?

—No pudo salirse del trabajo.

Inmediatamente me sentí decepcionado y culpable. El ruido en el corredor me fastidiaba. Entreabrí la puerta, saqué la cabeza y les dije a los estudiantes que estaban alborotando ahí que se callaran. Ellos me echaron una mirada de disgusto.

—Lo que usted diga, gran señor —oí decir a uno de ellos.

No echaré de menos esto, pensé. Cerré la puerta bruscamente.

—Perdona la interrupción —dije—. Me siento muy mal de que Trampita no pueda venir.

—Ya sé. Yo también lo siento.

Después de un breve silencio, Roberto agregó:

—Pero estará ahí en espíritu, ni más ni menos como papá.

—Sentí un nudo en la garganta. Lo último que habíamos sabido de mi papá a través de mi tía Chana era que se estaba recuperando de la depresión pero seguía sufriendo problemas de espalda. Mi mamá y mis hermanos menores no tenían la esperanza de que regresara, pero Trampita, Roberto y yo teníamos nuestras dudas. Nuestra familia hablaba de ir a verlo una vez que pudiéramos costear el viaje.

Al final de nuestra conversación, acordamos encontrarnos frente a la Iglesia de la Misión inmediatamente después de la ceremonia. Esa misma tarde invité a Emily y a su mamá junto con Laura a mi graduación e hice las reservaciones para almorzar en el Pine Cone Inn, un restaurante en Valley Fair que me había recomendado el padre O'Neill.

El sábado por la mañana me levanté tarde de la cama, habiendo pasado la mitad de la noche en vela, pensando en la graduación y preguntándome cómo sería mi vida en Nueva York. Me bañé, y me vestí rápidamente con mi toga negra de largas mangas puntiagudas y una estola ornamental blanca. Corrí a través del campus llevando en mi mano derecha el birrete y me incorporé en la fila que estaban haciendo mis condiscípulos, la cual empezaba frente a la Iglesia de la Misión y llegaba serpenteando hasta el O'Connor Hall.

Mis compañeros de clase y yo, con el aspecto de una hilera de pingüinos, esperábamos ansiosamente la procesión de los graduados. En cuanto la banda del ejército militar estadounidense inició la interpretación de "Pompa y circunstancia", empezamos a movernos lentamente, pasando frente a la Iglesia de la Misión. Doblamos a la derecha al final de ese edificio y continuamos avanzando bajo una enramada desbordante con flores de vistaria color púrpura. Pasamos alrededor de la estatua del Sagrado Corazón y atravesamos una arcada en la pared de adobe. Entramos en los Jardines de la Misión y empezamos a ocupar las hileras de sillas plásticas, colocadas frente a un escenario improvisado detrás de la residencia de los jesuitas. Los miembros de la facultad y el personal administrativo marcharon hasta el final de la fila y tomaron sus asientos en el escenario. Vistiendo coloridas togas y variopintas gorras, ellos parecían una bandada de pavos reales. Miles de espectadores llenaban por completo los jardines, unos sentados y otros de pie, con niños pequeños cargados en los hombros.

Después que el reverendo Philip J. Oliver, capellán de la universidad, dio su invocación, William P. Fay, el embajador de Irlanda, pronunció su discurso de graduación. Yo lo escuchaba distraídamente, preguntándome si mi familia había logrado llegar a tiempo no a la ceremonia. Estiraba el cuello tratando de localizarlos. Mis condiscípulos y yo nos impacientábamos a medida que un número interminable de graduados de las

facultades de Negocios y de Ingeniería eran llamados individualmente al escenario para recibir sus diplomas. Nuestra inquie-
tud se desvaneció, sin embargo, cuando el padre Thomas D.
Terry, decano de la facultad de Artes y Ciencias, fue presen-
tado. Nos pusimos todos de pie y aplaudimos mientras él pre-
sentaba a nuestro grupo para que recibiéramos nuestros
diplomas. A medida que se acercaba el momento en que yo
sería llamado, aumentaban mi nerviosismo y mi excitación.
Finalmente, oí que leían mi nombre. Mi corazón latió fuertemente mientras subía las gradas hacia la tarima. Me sentía
como en un sueño, observándome a mí mismo deslizarme en
cámara lenta hacia el padre Patrick Donohoe, el presidente de
la universidad, y estirando la mano para recibir mi certificado.
Sonriéndome y estrechándome la mano, él me lo entregó. Yo
lo apreté contra mi pecho con ambas manos y regresé a mi
asiento. *Todo sucedió demasiado rápido,* pensé. Suspiré, me desconecté de todo lo demás y estuve por un momento reviviendo
en mi mente la experiencia de la graduación una vez y otra.

Al concluir la ceremonia, me abrí paso hasta el frente de la
Iglesia de la Misión, donde incontables familiares y amigos
abrazaban y felicitaban a los graduados y tomaban
fotos. Localicé a mi familia, los saludé con la mano y me abrí
paso entre la multitud para recibirlos. Roberto captó mi mirada y se movió hacia mí, seguido por el resto de ellos.

—¡Estamos orgullosos de ti, Panchito! —me dio un fuerte y
caluroso abrazo. Yo también lo abracé reposando mi barbilla
en uno de sus anchos hombros.

—Felicidades. ¡Lo lograste! —exclamó Darlene.

—Lo hicimos entre todos —respondí—. Yo recibí mucha ayuda, especialmente tuya y de Toto.

—¡Estoy muy orgullosa de ti, mijo! —dijo mi mamá con ojos lacrimosos y acariciándome la mejilla izquierda con su mano derecha. Yo la abracé. Torito, Rubén y Rorra nos rodearon, entrelazando sus manos y envolviéndonos a los dos en un abrazo colectivo. Con el rabillo del ojo vi a Emily y a su mamá que estaban junto a Laura de pie a nuestro lado.

—Mamá, ellas son mis mejores amigas: Laura Facchini y Emily Bernabé y su mamá.

—Encantada de conocerlas —dijo mi mamá, sonriendo y limpiándose las lágrimas con un blanco pañuelo bordado. Aunque yo no lo había visto por muchos años, lo reconocí inmediatamente. Me sorprendió que ella todavía lo tuviera. Mi papá se lo había dado en una Navidad. Mi familia se había mudado a Corcoran ese invierno para pizcar algodón, después de haber pizcado uvas en Selma. Ése fue un invierno muy difícil. Llovía un día tras otro y nos pasamos varias semanas sin trabajar porque no nos permitían pizcar algodón cuando estaba húmedo. Nuestra familia, como muchas otras familias migrantes que vivían en ese campamento de trabajadores, luchaba por sobrevivir. Un joven y su esposa llegaron a nuestra cabaña tratando de vender sus pocas pertenencias para comprar comida. Nosotros también estábamos en la quiebra, pero mi papá quería ayudarles. Les compró el pañuelo, que la esposa había bordado, y se lo regaló de sorpresa a mi mamá el día de

Navidad. El recuerdo de la bondad de mi papá y su gesto amoroso esa Navidad me hizo extrañarlo todavía más.

—Panchito me ha hablado sobre todas ustedes —dijo mi mamá. Luego, dirigiéndose a la señora Bernabé, dijo—: Gracias por cuidar a Panchito y tratarlo como a un hijo.

—Es un buen chico... casi siempre —dijo la señora Bernabé, guiñándole un ojo a mi mamá.

—Panchito me dijo que su comida es tan buena como la mía —dijo mi mamá. Luego, con una sonrisa, agregó—: Usted debe ser una gran cocinera.

—Usted también debe serlo —respondió la señora Bernabé, siguiéndole la corriente a mi mamá.

—Déjenme tomarles una foto a los cuatro —dijo Darlene, tomando la cámara de Roberto y accionándola: Laura y Emily paradas a mi derecha y la mamá de Emily a mi izquierda. Después de tomar más fotos, todos nos dirigimos al Pine Cone Inn a almorzar.

En el restaurante nos sentamos junto a una larga mesa a la entrada y decidimos nuestra orden. Roberto, que estaba frente a mí, se disculpó por ausentarse un momento y regresó con dos regalos, uno grande y uno pequeño. Me entregó el regalo grande con una tarjeta, que yo leí en silencio.

Panchito, cuando me dirigía en el coche a tu graduación, estuve pensando mucho durante el camino. Pensaba en la forma en que vivíamos cuando éramos pequeños. Lo que me trajo ese recuerdo fue ver a algunos campesinos trabajando en los campos junto a la carretera cerca de Gonzales. Yo también

me acordé del día en que tú te fuiste a la universidad. Yo tenía
al respecto emociones mezcladas. Con esto quiero decir que me
alegraba por ti pero al mismo tiempo no quería que te fueras
porque yo te iba a extrañar. Pensé en tu graduación de la uni-
versidad y me siento tan orgulloso que mi corazón se siente a
punto de explotar.

Te quiero,
Toto.

—Gracias, Toto —sentía el corazón en la garganta. Darlene,
que estaba sentada junto a él, lo enlazó entre sus brazos y lo
besó tiernamente en la mejilla. Tomé un sorbo de agua, me
aclaré la garganta y abrí el regalo. Era una pequeña máquina de
escribir portátil con su valija.

—Darlene y yo supusimos que la necesitarías en Columbia.
Smokey no estará cerca de ti para prestarte la suya —dijo él sonriendo, y limpiándose los ojos.

—Esto está perfecto. Gracias... —la puse de nuevo en la caja.
Mi mamá empezó a sollozar ahogadamente.

—Columbia está tan lejos, mijo. Quisiera que no tuvieras
que alejarte tanto.

—Panchito necesita abrir otro regalo —dijo Roberto fiján-
dose en mi incomodidad.

—Este regalo es de la señora Hancock.

Me entregó una tarjeta. Y una cajita envuelta en papel azul.
La tarjeta decía: *El Capitán y yo estamos muy orgullosos de ti.*
Felicidades y suerte en Columbia. Afectuosamente, Marian
Hancock. Dentro de la caja había un reloj de pulsera dorado

redondo. Me lo puse en la muñeca y lo mostré para que todos lo vieran. Torito, que estaba sentado junto a mí, me jaló la mano hacia abajo para verlo.

—No tiene números. No vas a poder saber la hora —todos nos reímos.

Cuando terminamos de comer, levanté mi vaso de agua para hacer un brindis.

—Quiero agradecer a todos ustedes por ayudarme a transformar mi vida. Gracias, mamá, por tu valor, fe y amor; Toto, por los sacrificios que has hecho por nuestra familia y por ser como un segundo papá para mí; Darlene, por tu hospitalidad y cariño. Emily y la señora Bernabé, por brindarme un segundo hogar lejos de mi familia; y a ti, Laura, por tu amistad y sabiduría y por aceptarme tal como soy.

—¿Y qué pasó con Torito, Rubén y yo? —protestó Rorra.

—Gracias por ser excelentes hermanos y una magnífica hermana... y por tomar mis *pennies*, Rorra —Mi hermana hizo una mueca de disgusto y cruzó los brazos, fingiendo estar enojada. Nos miramos mutuamente y nos pusimos a reír.

La mesera llegó y me entregó la cuenta. Roberto intentó arrebatármela, pero yo la oculté rápidamente tras de mi espalda.

—Déjame pagar a mí —insistió él. Mi hermano estaba sentado entre mi mamá y Darlene, de modo que él no podía fácilmente levantarse de la mesa. Yo me apresuré y pagué la cuenta antes de que él pudiera llegar a la cajera.

—Yo soy tu hermano mayor y tienes que obedecerme —dijo mitad en broma y mitad en serio.

—Yo lo sé, pero esto es lo menos que puedo hacer para agradecerles a todos ustedes por ayudarme.

—Siempre has sido testarudo.

Salimos del restaurante a mitad de la tarde y regresamos a la universidad. Después que despedimos a Emily y su mamá, mi familia subió a mi cuarto en Dunne para descansar, mientras Laura y yo fuimos a visitar a Smokey y su esposa Mary, con quien se había casado durante las vacaciones navideñas de nuestro último año. Vivían a unas pocas cuadras del campus, en la avenida Homestead. Estuvimos ahí brevemente y luego llevé en el coche a Laura a la estación de trenes de Santa Clara, para que tomara el tren de regreso a casa en San Carlos. Permanecimos en el auto esperando la llegada del tren.

—Tengo un regalo de graduación para ti —dijo ella. Buscó en su bolso, sacó una minúscula cajita envuelta en papel amarillo y me la entregó.

—Gracias, pero no tenías que...

—Ya sé. Espero que te guste.

Lo desenvolví lentamente, tratando de no romper el papel, que era del mismo color de su vestido. Doblé cuidadosamente el papel de la envoltura, lo metí en la bolsa de mi camisa, y abrí la cajita de terciopelo negro.

—¡Esto es muy lindo! —saqué un par de mancuernillas ovaladas color dorado con un prensacorbatas que hacía juego con ellas.

—¡Gracias, gracias! —me estiré y le di un beso. Oímos el silbido del tren.

—Viene el tren —dijo ella.

—Detesto los adioses —dije, sintiendo un dolor en el pecho.

—Yo también —ella tenía en su rostro una sonrisa triste.

Salí del coche, di la vuelta y le abrí la puerta para que saliera.

—Te escribiré —dije—. Quizás mi hermano me preste su coche y pueda a visitarte un fin de semana durante el verano —mi voz se resquebrajó.

—Eso me gustaría mucho.

Ella abordó el tren, se asomó por la ventana y se despidió con la mano. Yo le devolví el saludo y seguí el tren con la mirada hasta que desapareció.

Los días de ese verano me parecieron pasar más rápido que en los veranos anteriores, aunque la rutina era la misma. Yo trabajaba para la Compañía de Gas durante el día, cinco días a la semana, pintando parquímetros y entregando pedidos de materiales en la bodega, y también me ocupaba en la Santa Maria Window Cleaners en las noches y los fines de semana. Una vez más, me fui a vivir con mi hermano y Darlene y visitaba a mi mamá, Trampita, Torito, Rubén y Rorra solamente los sábados y domingos después del trabajo. La diferencia, sin embargo, era que al concluir cada día regresaba a casa emocionado, esperando recibir correspondencia de los amigos que había hecho en Santa Clara, especialmente de Laura, a quien visité una vez durante ese período. Yo no podía verla más seguido porque tenía que trabajar.

Conforme pasaba el tiempo, yo me ponía más nervioso y empecé a hacer los preparativos para irme de la casa y mudarme a Nueva York. Compré un baúl pequeñito usado en el Salvation Army, empaqué en éste mi ropa y mis libros y lo envié por autobús de la Greyhound a mi nueva dirección: 817 John Jay, Columbia University. Yo detestaba tener que mudarme otra vez. Siendo un niño yo añoraba la estabilidad y deseaba tener un lugar propio donde vivir. El sentido de permanencia que había encontrado viviendo en el Rancho Bonetti y en Santa Clara ahora se había desvanecido.

Despedirme ese día de mi familia en la terminal de autobuses me resultó tan triste y difícil como la vez que me fui a la universidad durante mi primer año. Pero en esta ocasión, yo iba mucho más lejos. Después de abrazar y besar a cada uno de ellos, abordé el autobús. Llevaba conmigo la estampa de la Virgen de Guadalupe que mi papá me había dado en mi primer día en la universidad, la máquina de escribir portátil y la libreta en la que había anotado durante mis cuatro años en la Universidad de Santa Clara diversos recuerdos sobre mis experiencias infantiles. Me despedí de mi familia con la mano, desde la ventana, y lloré en silencio sabiendo que no los vería de nuevo por un año entero. El transporte era demasiado caro para volver a casa durante las vacaciones.

En San José, trasbordé a otro autobús que me llevó directamente al aeropuerto internacional de San Francisco.

—¿Su nombre, por favor? —preguntó el encargado.

—Francisco Jiménez —le respondí.

—¿Va a Nueva York, la Gran Manzana?

—Sí, voy a la universidad de postgrado para ser profesor universitario.

Nota del autor

Más allá de mí, al igual que mis anteriores libros, *Cajas de cartón: relatos de la vida peregrina de un niño campesino* y *Senderos fronterizos,* es autobiográfico. En este libro relato mis experiencias como estudiante universitario, procedente de una familia mexicana de trabajadores migrantes. Desde la perspectiva del joven adulto que yo era en aquel tiempo, describo los retos que enfrenté cuando luchaba por continuar mi educación, tales como hacer frente a la pobreza, sentirme desgarrado entre mis responsabilidades como estudiante y mis obligaciones respecto a la familia, dudar de mi propia capacidad de tener éxito académico, y tratar de ajustarme a un ambiente que era distinto al de la comunidad donde me crié.

Al escribir *Más allá de mí*, me basé fundamentalmente en mi memoria, pero también en mis facultades imaginativas e inventivas para rellenar pequeños vacíos sobre detalles que yo había olvidado con el paso del tiempo. Por ejemplo, cuando no pude recordar una conversación palabra por palabra, traté de aproximarme al diálogo original o de recrearlo, y añadí algunas descripciones para captar la esencia de mis impresiones y reacciones ante eventos y situaciones particulares.

Además de apoyarme en el poder de la memoria y la inventiva para escribir mi libro, entrevisté a miembros de mi familia, amigos, compañeros de clase y profesores. Examiné las pocas fotos y cartas familiares que teníamos, anuarios escolares, el periódico estudiantil de la Universidad de Santa Clara, documentos oficiales, incluyendo mis registros de calificaciones y mis papeles de naturalización que obtuve a través del Acta de Libertad de Información, y mis apuntes sobre experiencias de mi niñez, así como ensayos y trabajos de investigación que redacté durante mis cuatro años de estudio en la Universidad de Santa Clara.

Escribí *Más allá de mí*, en parte, para describir las experiencias de muchos estudiantes que son los primeros en sus familias inmigrantes en asistir a la universidad y para rendir tributo a aquellos profesores que ayudan a los estudiantes a transformar sus vidas, ayudándoles a conocerse a sí mismos, y a educar su mente, así como también a ser compasivos, generosos y conscientes de sus obligaciones cívicas y sociales en un mundo siempre cambiante.

ARRIBA: Francisco, Roberto y Trampita en Tent City, Santa Maria, California.

DERECHA: Papá, Trampita y don Pancho, un amigo de la familia, en Rancho Bonetti. De la niñez de Francisco, ésta es la única foto de su padre.

IZQUIERDA: Roberto y Francisco con su madre. Única foto de la niñez de Francisco junto a su madre.

Iglesia de la Misión, Universidad de Santa Clara.

Smokey Murphy (a la derecha), amigo y compañero de cuarto de Francisco en la universidad.

Victor B. Vari, profesor de idiomas extranjeros y mentor de Francisco en la universidad.

Marian Hancock. Le dio a Francisco el trabajo de repartir regalos durante la Navidad.

Padre Bartholomew L. O'Neill (IZQUIERDA), S.J., y padre John Shanks, S.J. (DERECHA) Sacerdotes jesuitas que guiaron a Francisco en la universidad.

Certificado de naturalización de Francisco.

Francisco y Laura en la Universidad de Santa Clara, antes de ir de picnic.

Roberto y Darlene, su esposa, recién casados en Santa Maria.

Los hermanos y la madre de Francisco en 2002. PARADOS (DE IZQ.): Rubén, Torito, Roberto, Trampita; SENTADOS (DE IZQ.): Francisco, Rorra, Joaquina (mamá).

Estefanía Jiménez Hernández, abuela materna de Francisco.

Día de graduación. Francisco junto a Emily Bernabé, Laura Facchini y Juanita Bernabé.